GEIST REICH

GEIST REICH

KREUZWORTE

Herausgegeben von

Peter Karl Kolb und Burkard Vogt

VERLAGSATELIER MICHAEL PFEIFER

Für Beate Reisert

Mitarbeiterin im Martinushaus
und beim Kreuzwort

zum Abschied nach 22 Jahren

Michael Pfeifer

Fotos: Burkard Vogt
Gestaltung, Satz und Herstellung:
Verlagsatelier Michael Pfeifer, Aschaffenburg
ISBN 978-3-933915-38-2

Dreißig Jahre …

gibt es das *Kreuzwort* bereits als regelmäßige Kolumne in der Tageszeitung *Main-Echo*. Seit drei Jahrzehnten geben die kurzen Texte dem Geistigen Raum – zwischen all den Ereignissen des Weltgeschehens und der Region. Dabei verlieren sie diesen Alltag mit seinen Freuden und Leiden, seinen Katastrophen und Sensationen nie aus dem Blick. Im Gegenteil: Gerade hier lässt sich der Geist ent-decken.

Das vorliegende Buch fasst zum vierten Mal Kreuzworte in einem Band zusammen, greift Impulse aus den letzten zehn Jahren noch einmal auf und bringt sie in einen neuen Zusammenhang. Einige Texte haben Bezüge zum Kirchenjahr oder zu aktuellen Ereignissen, andere erscheinen zeitlos. Inhaltlich sind sie so angeordnet, dass sie vom *Ich* über das *Du* voranschreiten zur der Kraft, die uns in Bewegung setzt.

Der Titel «Geist Reich» verweist zunächst auf inspirierenden Lesestoff, der etwas vom Wirken des Heiligen Geistes in unserer Welt durchscheinen lassen will. Das Buch schlägt aber auch eine Brücke zum ersten Ökumenischen Stadtkirchentag, der für den Pfingstmontag 2013 in Aschaffenburg geplant ist. Auch er steht unter dem Motto «geistreich».

Von Anfang an war die Zeitungskolumne *Kreuzwort* ökumenisch angelegt. Damit ist sie eines der ältesten konfessionsübergreifenden Projekte in unserer Region. Auch dieses Buch versteht sich als Beitrag zur lebendigen Ökumene vor Ort. Das bedeutet auch, den binnenkirchlichen Blickwinkel zu verlassen. Denn nicht als Evangelische oder als Katholische haben wir in dieser Welt etwas beizutragen, sondern als Christinnen und Christen, die vom Geist Gottes ergriffen sind.

Dank sei all denen gesagt, die in der Vergangenheit für die Kreuzwort-Kolumne zuständig waren, sie zu dem gemacht haben, was sie heute ist. Besonderer Dank geht auch an die Autoren, die aus unterschiedlichen Perspektiven Woche für Woche einen Blick auf Gott und die Welt werfen. Leider konnten nicht alle Autoren der letzten zehn Jahre in diese Zusammenstellung aufgenommen werden. Ein Dankeschön geht schließlich auch an die Mitarbeiter des Main-Echo für die angenehme Zusammenarbeit.

Gottes Geist beseelt, inspiriert, weckt Hoffnung, ruft zum Nachdenken, Innehalten, Weiterdenken. Das wünschen wir Ihnen auch bei der Lektüre dieses Buches.

Peter Karl Kolb und Burkard Vogt

ZU MIR KOMMEN

Einfach leben

Der Autoaufkleber hatte es mir sofort angetan. «Einfach leben» steht da auf dem Kofferraumdeckel. Zwei Worte, mehr nicht, und doch sagen sie so viel aus.

Einfach leben
unkompliziert, gradlinig, wahrhaftig, aufmerksam.

Einfach leben, will heißen: Mach nicht alles so kompliziert. Sieh nicht in allem gleich ein Problem. Lebe in der Gegenwart und stelle dich der Aufgabe, die gerade dran ist. Lebe einfach. Verbrauche nicht deine Energie mit lähmender Rückschau oder bangem In-die-Zukunft-Blicken. Lebe einfach!

Es ist erstaunlich, mit wie wenig man gut auskommen kann. Mach dich frei von all den Werbesprüchen, die dir tagein tagaus einreden, was du alles brauchst. Lass dich nicht ständig durch die Medien, die Meinung und Erwartung anderer oder deinen verinnerlichten Lebenssätzen vom Eigentlichen abbringen. Lebe einfach!

Einfach *leben*
bewegen, wachsen, genießen, reifen.

Nicht nur so dahin vegetieren. Leben ist mehr als nur in einem Betriebssystem zu funktionieren. Geh mal wieder einen unbekannten Weg, lass dich von Neuem überraschen und verwirkliche dir wenigstens einen klitzekleinen Traum. Leben – auch mal etwas Verrücktes machen, über den eigenen Schatten springen, dir etwas zutrauen.

Im Johannesevangelium erinnert uns Jesus daran, dass wir dabei nicht alleine sind: «Ich lebe und ihr sollt auch leben!» (Jahreslosung 2008) Was für ein Ins-Leben-gelockt-Werden! Dies ist keine leichtfertiges: «Ach, das wird schon wieder, stell dich nicht so an.»

Christus zeigt uns, wie auch dort, wo es nicht so rosig aussieht, lebenswertes Leben möglich ist. Und nicht zuletzt können wir dazu etwas beitragen, indem wir uns und andere liebevoll ansehen, ein aufmunterndes Wort sagen, aufeinander zugehen, uns tatkräftig unterstützen. Einfach so – so einfach!

Andrea Marquardt, 12. Januar 2008

Wer bin ich?

Wer bin ich? – so lautete das Titelthema eines Nachrichtenmagazins. Diese alte Frage ist immer wieder neu und aktuell. Sie ist wohl überhaupt eine der Urfragen des Menschen nach sich selbst, nach seinem «Wert» und seiner Persönlichkeit. Es interessierte mich, ob die jüngsten Erkenntnisse der Wissenschaft neue Antworten für uns bereithalten.

Psychologen haben dem Bericht zufolge untersucht, wie Persönlichkeitsfaktoren und Selbstbild unser Leben beeinflussen. Mit Hilfe von neu entwickelten Psycho-Checks können wir nun unser innerstes Wesen besser erkennen – was ohne objektive Hilfe von außen gar nicht so einfach ist. Ziel so eines Tests ist es, das «wahre Ich» mit seinen verschiedenen Eigenschaften zu durchschauen, damit wir z. B. im beruflichen oder persönlichen Bereich die richtigen Entscheidungen treffen.

Im Gegensatz zu unseren erlernten Verhaltensweisen sind uns Eigenschaften mitgegeben – an denen können wir kaum etwas ändern. Daher ist es wichtig, sich selbst anzunehmen, gerade auch mit den nicht so günstig erscheinenden Schattenseiten. Erst dann können wir uns wohl fühlen in unserer Haut, weil wir den Eindruck haben: Hier an diesem Platz bin ich richtig. Ich habe die für mich passende Aufgabe gefunden, die auch mit meiner Persönlichkeit im Einklang steht.

Also keine grundlegend neuen Erkenntnisse der Wissenschaft! Denn auf die Frage: Wer bin ich? hat die Bibel schon lange eine wichtige Antwort für uns: Du bist als ein Gedanke Gottes ein einmaliges Original. Du bist angenommen und geliebt, mit all deinen Stärken und Schwächen. Du darfst so sein wie du bist, denn du bist wertgeschätzt in Gottes Augen. «Weil du in meinen Augen teuer und wertvoll bist und weil ich dich liebe, gebe ich für dich ganze Länder und für dein Leben ganze Völker.» (Jes 43,4).

Diese Zusage ist sehr ermutigend – und doch gibt es immer wieder Zeiten der Unzufriedenheit. Oft sind es wohl die überhöhten Ansprüche an uns selbst, die uns Probleme bereiten. Wir möchten in mancher Hinsicht gern ganz anders sein, aber wir bleiben häufig weit hinter unseren Vorstellungen zurück. Das führt zu großer Erschöpfung, denn dieser falsche Ehrgeiz, um jeden Preis mithalten zu wollen, auch wenn es uns eigentlich gar nicht liegt, kostet viel Kraft.

Wie entlastend ist dann die Gewissheit: Weil ich Gott wichtig bin – so wie ich bin – muss ich mich nicht selbst wichtig machen. Weil ich Gott etwas wert bin, muss ich mir nicht selbst einen Wert geben.

Wer bin ich? Ich darf sein, der ich bin. Das macht frei, mich auch mit meinen negativen Seiten, den «Dunkelkammern meiner Seele» auseinanderzusetzen – vielleicht auch mit Hilfe des erwähnten Psycho-Checks, um so für mich neue und weiterführende Antworten auf diese uralte Frage zu bekommen.

Britta Vorher, 13. *September* 2003

Zielsicher zum Glück

Wo man auch hinschaut, überall geht es um Ziele: Zielvereinbarungen zwischen Mitarbeiter und Chef am Arbeitsplatz, Lernziele in der Schule, Zieleingabe am Navi im Auto, Ansparziel beim Bausparvertrag, alle Jahre wieder die Zielvorgabe «Meisterschaft» für den FC Bayern. Ein Anbieter von Seminaren für große und kleine Manager weist mahnend darauf hin: «Die wenigsten setzen sich wirksam Ziele und arbeiten engagiert daran, ihren Lebenstraum zu verwirklichen.» Und aus der Schatzkiste unsterblicher Weisheiten können wir noch Sinnsprüche beisteuern wie: «Wer das Ziel nicht kennt, wird den richtigen Weg niemals finden.»

Übrigens, wie sieht es gerade bei Ihnen aus, wenn Sie diese Zeilen lesen? Sind Sie sich über Ihre Ziele für einen erfolgreichen Tag heute schon im Klaren?

Manchmal ist mir die allgegenwärtige Aufforderung, klare Ziele für mein ganzes Tun zu definieren, einfach zu massiv.

Der Arzt und Kabarettist Dr. Eckart von Hirschhausen kennt wohl auch dieses Unbehagen. In seinem Bestseller «Glück kommt selten allein …» bietet er augenzwinkernd in Form eines Bastelbogens eine «Anleitung zum sicheren Erfolg» an. Dazu braucht man nur die aus dem Papierbogen ausgeschnittene Dartscheibe und einen Wurfpfeil. Von Hirschhausens Anleitung lautet so: Man wirft den Pfeil irgendwohin an eine Wand, nimmt dann die ausgeschnittene Dartscheibe und drapiert sie so um den Pfeil herum, dass dieser genau in der Mitte der Zielscheibe steckt. Und der Doktor ergänzt: «Dann erst anderen Bescheid sagen und Bewunderung einholen!» Das durchschlagende Rezept dabei heißt: «Erst den Erfolg erzielen, dann das Ziel definieren.»

Für mich ist diese Idee mit dem Dartspiel in umgekehrter Reihenfolge mehr als nur ein netter ironischer Spaß. Sie provoziert die Frage: Kann denn Lebensglück nur daran gemessen werden, wie erfolgreich ich meine vorher gesteckten Ziele erreiche? Natürlich ist es ein schönes Erlebnis, an ein klar beschriebenes Ziel zu kommen, auf das ich hingearbeitet habe. Doch gehören nicht auch die ungeplanten Erfolgserlebnisse zum Lebensglück?

Und wie ist es, wenn ich Ziele nicht erreiche? Vieles lässt sich nicht planen. Ist es nicht eine weitaus größere und erfüllendere Leistung, auch mit dem klar zu kommen, was nicht läuft wie gedacht? Für mich verdienen nicht die Menschen die meiste Bewunderung, die zielsicher von Erfolg zu Erfolg eilen. Ich schaue mit Hochachtung auf die Eltern, die zu ihrem Kind stehen, das unter einer körperlichen oder geistigen Einschränkung leidet und so nie die üblichen Zielvorgaben erfüllen wird. Ich denke mit Respekt an die Menschen, die in einer schlimmen Lebenskrise die Kraft finden, nicht nur in Resignation unerreichbaren Zielen nachzutrauern, sondern ihr Schicksal annehmen und ihr Leben neu gestalten.

Es ist entlastend und heilsam, wenn wir in Freude und Leid das Leben so annehmen können, wie John Lennon es einmal auf den Punkt gebracht hat: «Leben ist das, was passiert, während du eifrig dabei bist, andere Pläne zu machen.»

 Peter Michaeli, 24. Oktober 2009

Nur eine alte Tasse … !?

Neulich beim Spülen ist sie kaputt gegangen – meine Milchtasse. Sie war schon alt und angeschlagen. Trotzdem habe ich sie wieder zusammengeklebt. Jetzt sieht sie wieder aus wie eine Tasse, aber sie ist nicht mehr ganz dicht. Ich sollte sie wegwerfen. Warum ich das nicht tue? Diese Tasse gehörte meinem Vater. Ich habe ihn nie gekannt. Er starb bei einem Autounfall, als ich zehn Monate alt war. Diese Tasse ist das einzige, was ich von ihm besitze. Sie verbindet mich mit ihm, deshalb ist sie für mich sehr wertvoll. Ich würde sie gegen keine andere Tasse eintauschen.

Warum ich Ihnen das erzähle, liebe Leserin, lieber Leser? Weil mir das Bild dieser wertlos wertvollen Tasse sehr geholfen hat.

Ich habe früh gelernt: Du bist so viel wert, wie du leistest. Du wirst geliebt, wenn du tust, was andere von dir erwarten. Vielleicht kennen Sie diese Sätze: «Von deinem Bruder kannst du dir eine Scheibe abschneiden!» «Aus dir wird doch nie was!» «Du schaffst das eh nicht!» Und wie die Sprüche alle heißen, mit denen manche Eltern, Lehrer oder sonst wer einem den Stempel aufdrücken: *Muster ohne Wert*. Das prägt sich ein ins Kinderherz, so tief, dass man es irgendwann selbst glaubt: «Ich bin nichts und ich kann nichts.» Das Tragische ist: Dieser Stempel wächst mit. Er prägt auch das Leben vieler Erwachsener: *Muster ohne Wert*.

Manche rebellieren, indem sie sich dagegen auflehnen. Andere resignieren, indem sie sich verletzt zurückziehen. So oder so – was bleibt ist das quälende Gefühl minderwertig und nicht geliebt zu sein. Dabei ist das unsere tiefste Sehnsucht. Wir wollen geliebt, geachtet und angenommen sein, nicht, weil wir etwas leisten oder uns angemessen verhalten. Wir wollen geliebt werden um unser Selbst willen. Wir wollen Bedeutung haben für Menschen, die uns etwas bedeuten. Wer das nicht erlebt, bleibt ein *Muster ohne Wert*.

Aber Gott sei Dank, Gott denkt anders über uns: «Du bist wertvoll in meinen Augen, weil ich dich liebe.» (Jes 43,4) Gott liebt Sie, bedingungslos! Ob Sie jung sind oder alt, gesund oder krank, ob sie Erfolg haben, oder gescheitert sind, ob Sie beliebt sind oder einsam, Arbeit haben oder suchen. Gott liebt Sie mehr, als Sie sich das vorstellen können. Deshalb sind sie für ihn wertvoll. Das ist wie bei meiner Tasse. Es ist mir egal, dass sie angeschlagen und nicht mehr dicht ist. Diese Tasse ist für mich wertvoll und unersetzbar. Genauso sind Sie für Gott wertvoll und unersetzbar, denn Sie sind ein «Liebhaberstück» Gottes.

«Du bist wertvoll in meinen Augen, weil ich dich liebe.» Mir macht diese Zusage Hoffnung und Mut, Tag für Tag. Ihnen, liebe Leserin, lieber Leser, wünsche ich, dass Sie glauben können, was Gott zu Ihnen sagt: «Du bist wertvoll in meinen Augen, weil ich dich liebe.»

Roland Hölzl, 18. *Oktober* 2003

Die Maske

Selbst sonst eher seriöse Damen und Herren schlüpfen am Faschingswochenende in ein Kostüm und stürzen sich ins närrische Gewühl. Cowboys und Indianer, Piraten und Prinzessinnen bevölkern die Straßen der Stadt. Es ist die fünfte Jahreszeit, in der ich ein anderer sein darf. In der ich mich – versteckt hinter meiner Maske – auch mal daneben benehmen darf. Ich setze mir eine Pappnase auf, nehme für ein paar Tage mich selbst nicht allzu ernst und andere auf die Schippe.

Die Maske schützt mich dabei. Sie hilft mir, eine Rolle zu spielen, die ich schon immer einmal spielen wollte, einmal so zu sein, wie ich wirklich bin oder gerne wäre. Ganz ungeschminkt, denn eigentlich trage ich das ganze Jahr über Masken, hinter denen ich mich verstecke. Viel zu oft spiele ich eine Rolle, die mir eigentlich nicht entspricht, verstecke mich hinter einer Maske, die ich nicht bin.

Wenn es Streit gibt, kochen eine Menge Gefühle in mir hoch. Angst, Verletzung, Unsicherheit oder das Gefühl zu kurz zu kommen. Je mehr es in meinem Inneren drunter und drüber geht, desto härter werde ich nach außen. Ich ziehe eine Rüstung an, die mich unverwundbar und stark machen soll. Ich bewaffne mich mit starken Worten und treffenden Sätzen, mit Argumenten, denen der andere nicht ausweichen kann.

Diese Härte im Streit ist eine der gängigsten Masken im Alltag. Eine Maske, die vieles zerstört. Eine Maske, die mich selbst zersetzt und zu einem werden lässt, der ich eigentlich nicht bin. Immer wieder nehme ich mir vor: Beim nächsten Mal setzt du keine Maske auf! Da sagst du, wie dir zumute ist, bist offen und ehrlich, sagst die Wahrheit statt auf dein Recht zu pochen. Trotzdem finde ich mich immer wieder hinter einer Maske wieder, in einer Rolle, die ich ganz unbewusst übernehme. Bald kann ich nicht mehr unterscheiden: Bin ich es? Oder ist es nur ein Bild von mir selbst?

Der Apostel Paulus schreibt: «Wir erkennen jetzt nur durch einen verschwommenen Spiegel ein vages Bild von uns selbst. Dann aber sehen wir klar – von Angesicht zu Angesicht. Jetzt erkenne ich stückweise – dann aber werde ich erkennen in gleichem Maße, wie ich erkannt werde.»

In dem Moment, in dem mich jemand wirklich durchschaut und erkennt, zerbricht meine Maskerade. Das ist es, was ich befürchte. Für Paulus hat das nichts Beängstigendes. Er fühlt sich nicht entlarvt, sondern befreit vom Druck, immer eine Rolle spielen zu müssen. Darauf setzt er seine Hoffnung. Es gibt einen, der mich kennt, wo ich mich selbst nicht kenne hinter meinen vielen Masken. Einen, der mich befreien kann aus den Verwirrungen von Verletzungen, Unsicherheit und nicht aufgearbeiteter Schuld. Einen, bei dem ich sein kann, wie ich wirklich bin – einschließlich meiner Maskeraden. Gott kennt mich, so wie ich bin, und nimmt mich vollständig an. Im Vertrauen darauf darf ich leben mit und ohne Maske, im Fasching und im wirklichen Leben.

Christoph Schürmann, 13. Februar 2012

Ganz schön verschlagen

Der berühmte Maler und Bildhauer Michelangelo (1475–1564) hatte einst in Florenz einen besonders schönen Marmorblock erworben, an dem sich schon mehrere Künstler versucht hatten. Diese hatten aber den kostbaren Stein ziemlich verschlagen und verschandelt. Doch Michelangelo formte daraus seinen berühmten David.

Ein kleiner Junge, der dem Meister in der Werkstatt zugeschaut hatte, fragte ihn: «Woher wusstest du, dass in diesem kaputten Stein ein so schöner Mensch steckt? Das hast du doch vorher gar nicht sehen können!» Der Meister antwortete: «Ich sah ihn mit meinem Herzen».

Wir Menschen sind noch viel kostbarer als ein Marmorblock. Unermesslich ist der Wert eines jeden einzelnen. Doch durch äußere Prägung und Erfahrungen im Leben, durch das Böse in uns und um uns sind auch wir ziemlich verschlagen und verschandelt worden. Wir erschrecken, wenn wir erkennen, dass wir eigentlich nur noch ein Zerrbild unserer selbst sind: Begabungen wurden durch äußere Zwänge unterdrückt, besondere Fähigkeiten durch die eigene Trägheit gelähmt.

Manchmal merken wir, dass andere Menschen uns gleichsam Fesseln anlegen, die uns an der Weiterentwicklung unserer Kreativität hindern. Und es fehlt der Mut dagegen aufzubegehren.

Manche Menschen erkennen erst im Alter, dass sie ihren ganzen Lebenssinn «verhauen» haben oder sich von anderen Menschen «verschlagen» ließen. Gott, der Künstler, der die Welt und mit ihr auch uns erschaffen hat, sieht uns Menschen mit seinem Herzen. Er weiß, dass in dem kaputten Stein ein schöner Mensch steckt. Und weil er viel Liebe in jeden Menschen hineingegeben hat, steckt auch ungeheuer viel drin in uns Menschen.

Darum können wir frei und selbstbewusst auftreten, im Bewusstsein, dass wir selbst ein Kunstwerk Gottes sind. Gott kann und will aus unserem Leben etwas Sinnvolles und Gutes machen, wenn wir ihn an uns arbeiten lassen. Wir können das zum Ausdruck bringen zum Beispiel in einem kurzen Gebet: «Herr, mein Gott, nimm mich an so wie ich bin und mache etwas aus mir, so wie es dir gefällt. Lass deine Liebe schöpferisch in mir wirken, damit ich diese Liebe weitergeben kann». Seit Beginn meiner Studienzeit halte ich ein Bibelwort fest im Gedächtnis, das der Apostel Paulus an die junge christliche Gemeinde in Philippi geschrieben hat: «Ich bin darin guter Zuversicht, dass der in euch angefangen hat das gute Werk, der wird's auch vollenden bis an den Tag Christi Jesu». (Phil 1,6)

Bernd Töpfer, 24. *April* 2004

Die Farbe Lila

Mit den Farben und der Mode ist das so eine Sache – ich weiß nicht, wer da in jeder Saison den (Farb-) Ton angibt, aber plötzlich ist eine Farbe der absolute Renner. Dabei liegt die Farbe «Lila» immer wieder mal im Fokus der Modemacher, gilt Lila als «Fashion-Farbe».

In den Wochen der Fastenzeit werden die Kirchgänger unter Ihnen feststellen können, dass auch Pfarrer und Messdiener mit der Mode gehen: Lila hat Saison in der Kirche, aber nicht erst seit diese Farbe modern ist, sondern sie hat ihre feste Saison – jeweils in der Fasten- und Adventszeit. Violett ist schließlich in der katholischen Kirche die Farbe für Umkehr und Buße.

Die Farbe hat aber noch weitere Facetten. Die Symbolik ist äußerst interessant und teilweise sehr widersprüchlich. Ingrid Riedel erklärt in ihrem Buch über die Symbolik der Farben, dass Lila eine zwiespältige Farbe sei, die den Zwischenraum von Leben und Tod bewohne. Bei Studien zu der Wirkung der Farbe beschrieben die Versuchspersonen ihre Stimmung beim Betrachten von Lila mit Begriffen wie: «verzaubert, mystisch, beschwert, unheimlich». Besonders tiefe Violett-Töne wurden mit dem Wunsch nach Zauber und Magie in Verbindung gebracht. Beim Lüscher-Farbtest bevorzugen Frauen die Farbe Violett in der Schwangerschaft.

Mit diesem kleinen Exkurs in die Farbsymbolik möchte ich Ihnen Lust machen, einmal das Thema «Fastenzeit» unter einem anderen Aspekt zu betrachten. Es entsteht vielleicht die Ahnung: Eine Wandlungszeit, eine geistige Schwangerschaft könnte auf uns warten. Eine Zeit, in der uns eine Unruhe der schöpferischen Art befallen will, eine Unruhe, die eine Verwandlung mit sich bringt. Sollten Sie ab und zu einen Gottesdienst besuchen, dann könnte Sie der Anblick der violetten Gewänder dazu anregen, sich einmal zu fragen, wie Sie es in Ihrem Leben mit dem Thema Wandlung halten. Schenken Sie sich selbst ab und zu Zeiten, in denen sich eine Änderung anbahnen kann? Haben Sie Geduld mit schwierigen, langwierigen Veränderungsprozessen und können Sie warten, bis die Zeit dazu reif ist? Vielleicht ist es gut, einmal neue Ideen in Ihr Leben zu lassen und danach zu forschen, wer oder was bei Ihnen Wandlungen unterstützt, erleichtert, sozusagen «Hebammen-Dienste» leistet. Sind Sie kein Kirchgänger dann nutzen Sie doch einfach den Anblick der vielen lilafarbenen Pullover, Mäntel und Blusen zur Reflexion über die Wandlungszeiten und die «geistigen Schwangerschaften» in Ihrem Leben.

Ich möchte Sie anstiften, in den kommenden Wochen mutig in Zwischenräumen zu verweilen, sich nicht zu vorschnellen Lösungen zu zwingen, sondern dem Wandel Zeit und Raum zu geben, wie es uns die Natur in dieser Zeit ohnehin vorlebt. Die Lebens- und Leidensgeschichte Jesu ist ein weiteres Beispiel dafür, wie durch viele Zweifel und Ängste hindurch das Neue, das Unglaubliche seinen Weg findet. Denken Sie daran: Lila ist Mode – besonders in der Fastenzeit.

Eva Meder-Thünemann, 20. Februar 2010

Vorübergehend nicht erreichbar …

Vor ein paar Tagen ist es passiert, am Bahnhof, kurz bevor der Zug kam. Ich wollte mit meinem Handy anrufen – aber es war nicht da. Ich hatte es zu Hause vergessen. Ich wusste genau, wo es lag. «Macht nichts», dachte ich leichthin und wurde seltsamerweise unruhig. Was wenn bei der Arbeit oder in der Familie etwas geklärt oder abgesprochen werden musste? Niemand konnte mich erreichen. Meine Unruhe blieb. Als ich im Zug saß war es deutlich hörbar: alle um mich herum nutzten ihr Handy. Ich kam mir richtig einsam vor – so ohne. Einfach nicht erreichbar zu sein, vorübergehend, für einen Tag.

Die Unruhe überraschte mich. Immerhin kann ich mich noch an Zeiten ohne Handy erinnern. Ich hatte gar nicht gewusst, dass ich mit ständiger Erreichbarkeit so viel an Sicherheit verbinde, nämlich das Wissen mit anderen verbunden zu sein und Verbindung aufnehmen zu können. Ich ertappte mich zu glauben, durch diese Verbindung immer das Wichtigste zu wissen und so vieles unter Kontrolle zu haben. Ja, und wichtig bin ich ja auch, wenn ich angerufen werde. Erstaunlich diese Abhängigkeit von einem technischen Gerät. Geht es Ihnen auch so?

Dabei brauche ich Auszeiten. Nicht immer und für jede und jeden da zu sein. Ich brauche Zeiten für mich und auch für das ungestörte Beisammensein mit anderen. Wenn ich mich mit Freunden treffe, habe ich oft mein Handy nicht dabei. Wenn ich Zeit für mich selbst brauche, schalte ich es ab. Das sind Zeiten, um zu mir zu kommen, in meine eigene Mitte. Eine Weile nichts zu tun und nichts zu reden. Zu merken, wie es mir geht, was mich beschäftigt, was mich bewegt. Frei nach Karl Valentin: «Heut' Abend besuach i mi, bin gespannt, ob i dahoam bin!» Auch für die Verbindung mit Gott brauche ich Zeiten in denen ich ungestört bin, in denen ich mich mit meinem Ursprung und Halt verbinde.

Aus all diesen Auszeiten schöpfe ich Ruhe, Lebendigkeit und Kraft.

So wünsche ich uns im Alltag immer Zeiten, in denen wir zufällig (von Gott zugefallen) oder geplant vorübergehend nicht erreichbar sind.

Christiane Knobling, 3. September 2011

Knuddel-Klima

Lieber Gott, bitte, bitte, lass Knut nicht groß werden!

Nein, Knut, du darfst nicht wachsen. Du darfst niemals so riesige Tatzen bekommen wie deine böse Mutter, die dich verstoßen hat. Du bist doch Vegetarier, oder? Deine Kindheit war so unbeschwert und schön: du wirst bestimmt kein Problembär, den man zum Abschuss freigeben muss. Pass nur auf, dass dir der Medienrummel nicht zu Kopf steigt. Sonst nimmst du vielleicht Drogen, lässt dich ganz oft scheiden und musst in Entzugskliniken.

Bitte bleib so, wie du bist: klein und niedlich. Dann bauen wir dir auch eine ganz große Eishalle – versprochen. Deine alte Heimat aus ewigem Eis gibt es sowieso irgendwann nicht mehr. Aber für dich ist Platz in unserem Kinderzimmer und auch für die arme, kranke Erde. Wir retten sie auch und werden nett zu ihr sein, wenn sie Fieber hat. Ach Knut, wenn wir dich sehen, dann könnten wir die ganze Welt knuddeln. Und uns müsste dann auch jemand knuddeln, weil wir so lieb sind.

Denn wir wollen nicht groß werden und erwachsen. Vielleicht mag uns dann keiner mehr, weil wir gefährlich sind und unberechenbar. Und wir werden kämpfen um das größte Stück Fleisch. Wehe, wenn uns da jemand in die Quere kommt! Vielleicht verlieren wir dann auch den Glauben an einen gütigen Opa-Gott, der über unsere Unarten sein gütiges Auge zudrückt.

Ja, lieber Gott, wenn wir mal groß sind, dann müssten wir auf die Knie fallen und danken, dass uns die Erde noch duldet auf ihrem Rücken. Und wir müssten uns zaghaft üben in der Hoffnung, dass dem Schöpfer des Himmels und der Erde das Schicksal seiner Menschen nicht gleichgültig ist.

Jörg Dittmar, 19. *Mai* 2007

Wellness

Wellness steht hoch im Kurs. Wellness, das ist ein neumodischer Begriff aus der englischen Sprache, aber ein altes Phänomen. Wellness heißt Wohlbefinden. Es gibt Wellness-Massagen, Wellness-Wochenenden, ja sogar Wellness-Wurst und Wellness-Softdrinks. Wenn's um Wellness geht, dann tut man sich was Gutes und lässt sich verwöhnen durch Reiki, Massagen, Saunawärme, ein angenehmes Klima und gesundes Essen. Andere müssen aktiv sein, damit ich Wellness erleben kann. Wellness muss man genießen und kostet in der Regel Geld. Wellness ist ein gewisser Luxus.

In der Bibel gibt es zu Beginn der Leidensgeschichte Jesu so etwas wie ein Wellness-Geschenk für Jesus. Ich denke an die Frau, deren Namen keiner mehr kennt und die Jesus ganz unerwartet mit einer Salbung verwöhnt. Die Entrüstung ist groß, als die Frau ihr kostbares Öl geradezu verschwenderisch auf Jesu Haupt ausgießt. Mindestens ein Jahresarbeitslohn ist da geflossen zugunsten der Wellness für einen einzigen Menschen. Mit dem besten aller Argumente kommen die anderen daher und wollen die Tat schlecht reden: Das wäre Verschwendung. Wie viel Gutes hätte man mit dem Geld für die Armen tun können! Jesus verteidigt die Frau und meint zugleich, für die Armen könne man jederzeit etwas tun, für ihn jedoch nicht, denn er weiß schon, dass sein Weg zu Ende gehen wird. Also gibt es für Jesus nicht die Alternative *Sorge für die Armen* oder *Salbung* sondern er befürwortet beides. Das eine tun und das andere nicht lassen.

Anders als wir heute muss Jesus sich den Luxus nicht

kaufen. Er wird ihm einfach geschenkt. Salben bedeutet, jemandem Gutes tun, Zeit und Geld für ihn aufwenden. Jesus sagt dazu: ein gutes Werk tun. Er kann das genießen. Er lässt sich das Gute gefallen.

Wenn wir heutzutage in der Kirche Menschen salben, dann ist das ein kostbares und für den Empfänger kostenloses Geschehen. Es ist allerdings mehr als eine Wellness-Veranstaltung. Das ist sie auch. Wir tun einander Gutes. Wir wollen, dass alle sich wohlfühlen. Aber es ist wie gesagt mehr als Wellness. Salben ist im Christentum eingebettet in ein Segenswort und eine Segensgeste. Gott ist selber am Werk, wenn wir salben. Gott will seinen Segen auf uns legen, wenn wir segnen. Alle Sinne sind angesprochen. Mit dem ganzen Körper kann ein Mensch bei der Salbung erleben, wie gut Gott es mit uns meint. Salben ist in der Tat ein Luxus. Heute würde man wohl sagen: Wellness, weil es gut tut.

Seit jenem Tag hat man sich diese wohltuende Tat der unbekannten Frau erzählt, zu ihrem Gedächtnis, wie Jesus es prophezeit hat. Seitdem steht diese Geschichte zu Beginn der Passionsgeschichte beim Evangelisten Markus.

Birgit Niehaus, 8. April 2006

Wenn nichts dazwischen kommt

Wenn nichts dazwischen kommt – so heißt es in diesen Tagen der Ausblicke auf das kommende Jahr oft. Laut ausgesprochen oder nur in Gedanken. «Wenn nichts dazwischen kommt», so wird es im Großen formuliert, bei Konjunkturerwartungen und Wachstumsprognosen, Arbeitslosenzahlen oder Börsenentwicklung. So denken wir manchmal aber auch, wenn wir unsere persönlichen Dinge planen, den Haus- oder Autokauf, einen großen Urlaub, das Klassentreffen in fünf Jahren.

«Wenn nichts dazwischen kommt», so müssten wir eigentlich – realistischerweise – bei allen Zukunftsplänen sagen, weil immer etwas dazwischen kommen kann. Ein Zug kommt zu spät, man steht im Stau. Eine Krankheit kommt unerwartet oder ein Unfall. Der Betrieb geht pleite. Ereignisse, die einen mitunter wie Schläge treffen und Angst machen. Und in einer globalisierten Welt betreffen uns auch vermeintlich entfernte Ereignisse plötzlich hautnah: Ein Tsunami, ein Terrorangriff, eine Bankenpleite. So ist es alle Tage: auf allen Wegen kann etwas dazwischen kommen, auf Berufswegen, auf den Wegen einer Partnerschaft, auf den Wegen im Leben.

Aber eigentlich ist das nicht neu: Und nun ihr, die ihr sagt: «Heute oder morgen werden wir in diese oder jene Stadt reisen! Dort werden wir ein Jahr lang Geschäfte machen und viel Geld verdienen». Woher wisst ihr denn, was morgen sein wird? Was ist euer Leben? Es gleicht einem Dampfwölkchen, das aufsteigt und sich sogleich wieder auflöst. Sagt lieber, «So Gott will und wir leben, werden wir dies oder das tun» – so formuliert es ein Bibeltext zum

Neujahrstag aus dem Jakobusbrief, immerhin knapp zweitausend Jahre alt.

Liebe Leserinnen, liebe Leser, wie schnell vergessen wir tatsächlich bei allem Planen und Machen, dass nichts sicher ist im Leben. Natürlich, wir wollen das nicht hören. Ich meine aber, es lohnt, sich ab und zu an diese Grundbedingung des Lebens zu erinnern, die der Autor dieses Briefes aufstellt. Und dabei können wir lernen von Menschen, denen «etwas dazwischen gekommen ist». Immer wieder höre ich da: «Ja es war schrecklich, aber es war auch heilsam. Mir sind jetzt ganz andere Dinge im Leben wichtig. Mein Leben hat einen völlig neuen Sinn erhalten. Ich lebe viel bewusster, fange jetzt erst zu leben an.» Das wünschen wir doch auch für unser Leben. Eigentlich komisch, dass dazu oft erst etwas schief laufen muss, dazwischen kommen muss, bis wir uns be-*sinn*-en auf das, was in unserm Leben wichtig ist.

Jetzt, zum neuen Jahr haben die guten Vorsätze wieder Konjunktur. Sie sind auch ein Versuch, ein paar Dinge im Leben zu verändern und vielleicht ist in diesem Jahr ihr Verfallsdatum ja etwas später!?

Bis zum nächsten Kreuzwort, so Gott will und wir leben!

Peter Kolb, 1. Januar 2011

MITEINANDER LEBEN

Drei Lektionen über die Liebe

Sie ist eine der großen Liebenden im Neuen Testament: Maria Magdalena. Die katholische Kirche ruft sie im Evangelium des Ostersonntag alljährlich als erste Zeugin der Auferstehung in Erinnerung, sie, die Verkünderin der Apostel, die «apostola apostolorum». Ihre Begegnung mit dem Auferstandenen enthält für mich den Kern des christlichen Osterglaubens. Zugleich bietet dieses Evangelium drei Lektionen über die Liebe.

1. Liebe macht blind. Aber nicht nur im Sinn von: Wer verliebt ist, ist blind für die Schwächen und Fehler des anderen. Wer verliebt ist, der entschuldigt alles und sieht den anderen im verklärten Licht. Die Liebe, die Maria von Magdala blind gemacht hat, ist anders zu verstehen: Sie hat ein bestimmtes Bild von Jesus im Kopf. Diesen Jesus sucht sie. Und deshalb sieht sie ihn nicht, obwohl er neben ihr steht. Denn er ist ein anderer geworden. Für diesen Jesus, der sich verändert hat, ist sie blind.

2. Liebe macht sehend. Maria von Magdala gehen plötzlich die Augen auf. Als sie angesprochen wird von dem vermeintlichen Gärtner und merkt: Es ist die gleiche Stimme, die gleiche zärtliche Anrede, da macht Maria von Magdala eine innere Umkehr durch. Das Evangelium bringt es ins Bild: Obwohl sie schon die ganze Zeit mit Jesus spricht, heißt es: Da kehrte Maria um. Sie kehrt ihre Sicht von Jesus um. Sie versteht: Echte Liebe verbietet, dass ich den Geliebten in ein Bild einsperre. Echte Liebe gibt dem anderen die Möglichkeit, dass er anders werden darf. Dass er anders denken und sich anders entwickeln darf als ich möchte.

3. Liebe heißt: nicht festhalten. Der Weg geht weiter. Je mehr Vertrauen ich zum anderen habe, desto eher kann ich ihn loslassen, ohne Angst, dass er mir entschwindet. Desto mehr lasse ich ihn frei für das Ziel, zu dem er sich im Innersten hingezogen fühlt. Und er weiß, ob nicht sein Ziel auch für meinen Lebensweg eine Bereicherung sein kann.

Die «Lerneinheit» über die Liebe im Osterevangelium beginnt mit der Frage: Wen suchst du? Und am Ende heißt es: Ich habe den Herrn gesehen. Echte Liebe ist ein langer Prozess. Liebende suchen sich ein Leben lang, bis sie sagen können: Ich habe ihn gesehen, wie er wirklich ist.

Stefan B. Eirich, 11. *April* 2009

Haben oder Sein

Ich bin auf meinem täglichen Weg zum Bahnhof. Vor mir läuft eine Mutter mit ihrem kleinen Buben an der Hand. Plötzlich reißt er sich los, macht einige schnelle Schritte und hebt ein Geldstück vom Boden auf. «Schau Mama», strahlt er jetzt, «ich habe einen Euro gefunden, der gehört jetzt mir!» Gut gelaunt kehrt er an die Hand der Mutter zurück, das Glück über den Fund spiegelt sich in seinem Gesicht. Wie schnell Geld doch das Leben verändert – bei den Kleinen ebenso wie bei den Großen – denke ich mir und muss unweigerlich schmunzeln über das kleine Erlebnis, das mir die ganze Welt einzufangen scheint.

Da wir den gleichen Weg zu haben scheinen, gehe ich weiter hinter den beiden her. Vor dem Eingang eines großen Kaufhauses sitzt ein alter Mann auf dem Boden und spielt auf seiner Flöte Kinder- und Volkslieder. Auf einem Pappschild bittet er um Unterstützung, weil er obdachlos ist. Die Mutter will den Buben eilig weiter ziehen, weicht sogar in einem Bogen vor dem Mann aus. Wieder reißt sich das Kind mit einem Ruck von der Hand der Mutter los, läuft zu dem alten Mann hin und wirft das eben gefundene Geldstück in die Plastikschale. Wortlos hüpft es zurück zur sichtlich erstaunten Mutter schaut sie verschmitzt an und zieht nun seinerseits die Mutter an der Hand.

Nein, das ist nicht die große Welt im Kleinen. Das ist ein Geschenk, das eine andere Seite der Wirklichkeit sichtbar macht: Geben und Teilen brauchen keine Worte um Menschen miteinander im Glück zu verbinden.

Auch Jesus bekommt einmal ein Geldstück in die Hand gedrückt mit dem durchaus zwiespältigen Hintergedanken, dass seine Rede von der Nächstenliebe spätestens bei der harten Konfrontation mit der Finanz- und Steuerwelt kapitulieren müsste, denn Geld regiert nicht erst heute die Welt und die Menschen dazu. Doch Jesus sieht nicht nur die eine Wirklichkeit, sondern vor allem die Herzen der Menschen. Er weiß, das Problem ist nicht die Münze, sondern die Haltung des Menschen, der sie in der Hand hält. Im Tiefsten sind die Menschen doch nicht auf das Haben ausgerichtet, sondern zum Sein bestimmt, wie Erich Fromm es auf den Punkt gebracht hat.

«Gebt dem Kaiser, was dem Kaiser gehört, und Gott, was Gott gehört!» So lautet die listige und polarisierende Antwort Jesu. So hält er auseinander, was nicht zusammen gehen kann. Geld und Steuern, Staat und Gesellschaft schauen den Menschen nach ihren eigenen Gesetzmäßigkeiten an und bewerten ihn danach. Dann zählen Erfolg und Rendite, Schulden und Guthaben. Menschen stehen vor dem Nichts oder häufen Macht und Reichtum an.

Jesus weiß um die andere Sichtweise Gottes, die den Menschen nicht bewertet, sondern annimmt, wie er ist: als unverwechselbares Geschöpf, das jede Achtung und Anerkennung verdient – unabhängig von Besitz und Status. Diese Sichtweise wirft Jesus in die Waagschale zur Steuermünze und bietet an, tiefer zu schauen bis wir den anderen Menschen neben uns sehen, «denn er ist wie du!»

Der kleine Junge hat davon etwas gespürt: Die tiefere Freude liegt im Hergeben, mehr im Schauen auf den anderen und im Glanz seiner Augen als im Glanz einer eben gefundenen Münze.

Klaus Becker, 18. *Oktober* 2008

Lastenausgleich

Einer trage die Last des anderen. So schießt es mir beim Anblick der gebeugten Frau, die sich mit ihren Einkaufstüten abmüht, durch den Kopf. Kein Problem. Während sie überrascht aufblickt und sich tatsächlich helfen lässt, kommen wir kurz ins Gespräch. Vor ihrer Wohnungstüre verabschieden wir uns. Für mich zwei Minuten Umweg. Für sie eine Erleichterung. Für uns beide eine Bereicherung.

Einer trage die Last des anderen. Wenn es nur immer so einfach wäre. Interessiert betrachte ich die Menschen, die mir entgegen kommen und an denen ich vorüber gehe. Da gibt es wohl einige Päckchen zu tragen. Meist sehe ich sie nicht. Sie baumeln nicht am Handgelenk oder sind offensichtlich zu stemmen. Es sind oft die Pakete, die auf dem Herzen liegen, die drücken. Den anderen ihre Last abnehmen? Eigentlich etwas viel, was Jesus da von uns erwartet. Hab ich nicht genug mit mir selbst zu tun? Wo kommen wir denn hin, wenn wir uns auch noch ständig um die anderen kümmern sollen? Wieder so ein typisch christliches Nächtenliebegebot. Mir alles aufhalsen lassen, für jeden und jede da sein – wo bleibe ich? Halt, denke ich, von einer einseitigen Lastenaufbürdung ist da gar nicht die Rede.

Einer trage die Last des anderen. Da schwingt Aufmerksamkeit und Mitgefühl mit. Das ist das Kontrastprogramm zu: Jeder denkt nur an sich und müht sich alleine ab – womöglich noch stolz darauf, dass man niemand in Anspruch nehmen muss. Es bedeutet auch: Andere nehmen wahr, wie es mir geht und lassen mich nicht alleine.

Das hat was. Die Person, die gerade mehr Kraft und

Möglichkeiten hat, unterstützt die hilfsbedürftigere – und trägt selbst noch Nutzen davon. Sei es, dass sich durch die Kontaktaufnahme der Blickwinkel weitet oder ich anderweitig Hilfe erfahre. Viele Nachbarschaftshilfen leben vom Austausch von Fähigkeiten oder vom Dasein füreinander. Marie von Ebner-Eschenbach formulierte es so: «Die Menschen, denen wir Stütze sind, die geben uns Halt.»

Lastenausgleich – eigentlich ganz schön entlastend. Ich muss nicht alles alleine schaffen. Ich darf zugeben, dass ich Hilfe brauche, und ich bekomme sie. Der Preis: Jede und jeder öffnet die Augen, kriecht aus dem Schneckenhaus, in dem wir uns so oft verstecken, hört zu und langt mit hin. Das geht sicher nicht immer eins zu eins auf. Auf jeden Fall wird unser Leben dadurch bunter, lebendiger und unbeschwerter.

Ich bin ihr dankbar, dieser Frau. Von nun an möchte ich wachsamer und mutiger auf andere zugehen und mir auch etwas abnehmen lassen.

Andrea Marquardt, 7. Juni 2008

am Valentinstag dem Partner, der Partnerin einen Blumenstrauß schenken.

Liebe ist … Geborgenheit, Nähe, einem Menschen wichtig sein, sich mit allem verbunden fühlen, Eins-Sein. Was würden Sie noch anfügen?

Liebe ist … beim Nachdenken über Liebe merkte ich, dass Liebe nicht Denken ist, sondern er-leben, fühlen, geschenkt bekommen und schenken in Augenblicken des Lebens. Liebe beschränkt sich nicht nur auf den Partner, die Partnerin – sondern umfasst Freunde und Freundinnen, Kinder und Enkel, Nachbarn, Arbeitskollegen und -kolleginnen, Menschen, denen ich im Vorübergehen begegne, Gott.

Die Liebe hat noch andere Namen: Freundschaft, Zuneigung, Wertschätzung, Achtung, Grenzen setzen, sich ganz fühlen, einander beistehen, sich in die Lebens- und Sichtweisen anderer ohne Vor-urteil hineinversetzen, geerdet sein, sich wandeln können.

Liebe ist … umfassend. Wissen Sie noch wie es ist verliebt zu sein? Sich vom anderen geliebt zu fühlen und sich gleichzeitig selbst zu lieben und dazu noch die ganze Welt und wenn Sie sich dem Religiösen verbunden fühlen – auch Gott. Alles ist in Liebe getaucht. Liebe verbindet untereinander, mit sich selbst, mit allem in der Welt und der Natur und mit Gott. Liebe strömt aus, strömt über, lässt sich nicht auf eines konzentrieren.

Liebe ist … für mich das «Grundprinzip des Lebens» – nicht die Darwinsche Friss-oder-stirb-Mentalität. Wie könnte Leben sein, wären die Wirtschafts- und

Gesellschaftsstrukturen unserer Welt auf Wertschätzung und Respekt für jedes Leben und für die Natur gegründet. Welche Veränderungen könnten geschehen, würden wir unser Geld nur Firmen geben, die soziale Arbeitsbedingungen, ökologische Nachhaltigkeit und für Mensch und Natur sinnvolle Produkte als Grundlage ihrer Arbeit umsetzen. Es gäbe keinen Hunger, keinen Krieg, keinen Sieg der Reichen über die Armgemachten mehr, keine Umweltverschmutzung, kein menschengemachtes Tiersterben. Unsere Welt wäre lebenswerter – liebenswerter. Heute eine Traumwelt – aber Visionen schaffen Wirklichkeit, wenn jeder an seinem/ihrem Platz Liebe weitergibt – auch im bewussten Umgang mit Geld.

Liebe ist ... keinem Sparzwang unterworfen, keiner Banken- und Wirtschaftskrise. Das ist schon viel wert. Es gibt von ihr immer genug, sogar mehr als genug, vor allem wenn wir gemeinsam einen Rettungsschirm der Liebe aufspannen. Unsere Kinder und Enkel werden diesen Liebesschirm als kostbares Geschenk für ihre Zukunft erleben, das sie weitergeben und nicht zurückzahlen müssen.

Liebe ist ... Gott. Und Gott ist die Liebe. Und damit ist jeder Mensch, jedes Tier, alles in der Natur in Liebe geschaffen und liebenswert – auch ich selbst. Das ist für manche Menschen sehr schwer zu erspüren, dass sie selbst bedingungslos geliebt sind und liebenswert.

So lasst uns am Valentinstag feiern, dass wir zur Liebe fähig und selbst liebenswert sind – bedingungslos geliebt von der Quelle unseres Lebens – von Gott.

Christiane Knobling, 14. *Februar* 2009

Gold für die Beziehung

Haben Sie das auch schon erlebt? Sie sagen etwas und Ihr Gesprächspartner bekommt es völlig in den falschen Hals. Unbedacht haben Sie mit einem Wort oder nur einem falschen Unterton eine Gegenwehr ausgelöst, die sich plötzlich entlädt und einen Streit entfacht.

«Mit dem ist ja nicht zu reden», sagen Sie enttäuscht, ziehen sich innerlich zurück und schweigen hinfort. «Reden ist Silber – Schweigen ist Gold» sagt ja auch der Volksmund. Doch dieses Sprichwort hat eine fatale Wirkungsgeschichte. Man redet gar nicht mehr miteinander. Doch je weniger wir einander Anteil geben an unseren Gedanken, Gefühlen und Plänen, desto mehr Missverständnisse treten auf. Die Erfahrung zeigt: Schweigen ist nicht Gold, sondern Gift für eine Beziehung. Was wäre dann aber Gold für unser mitmenschliches Miteinander?

Ich denke, ein einfühlsames Reden und Zuhören ist ganz wichtig: Ein Reden und Hören, das sich auf den anderen einlässt, das versucht, sich in seine oder ihre Situation hinein zu versetzen. Gold für die Beziehung ist ein Reden, das Offenheit zulässt. Wenn ich die Reaktion meines Gegenübers nicht ganz einordnen kann, dann ist es sinnvoll nachzufragen: «Sag mal, habe ich dich jetzt getroffen oder genervt mit dem, was ich gesagt habe?» Eine Hilfe zur Vermeidung von Missverständnissen ist auch, dass ich mich noch einmal vergewissere: «Wie meinst du das?» oder «Habe ich dich jetzt richtig verstanden, dass du …?» Das mag im Einzelfall mühsam sein, aber es hilft dazu, dass Reden Gold wird für die Beziehung.

Jesus macht es uns vor: Als Jesus den blinden Bettler

Bartimäus am Straßenrand von Jericho traf, und dieser lautstark um Erbarmen rief, sah Jesus eigentlich sofort, was Bartimäus von ihm wollte. Dennoch fragt Jesus nach: «Was willst du, dass ich tun soll?»

Wir modernen Menschen haben oft wenig Zeit und keine Geduld. Wir hören kaum zu und wenn wir meinen, etwas halbwegs verstanden zu haben, dann reagieren wir sofort und reden drauf los oder tun etwas. Jesus zeigt es uns ganz anders: Er macht deutlich, wie wichtig es ist nachzufragen, damit der andere herausgefordert wird, deutlich seine Wünsche und Anliegen zu formulieren und sich vielleicht selbst erst einmal klar zu werden, was er eigentlich will.

Probieren Sie es aus. Fragen Sie nach, bevor Sie antworten, und Sie werden sehen, dass die Missverständnisse weniger werden.

Bernd Töpfer, 12. Juni 2008

Spessartwanderers Paradies

Kennen Sie das Gästebuch des Paradieses? «Ein Mensch, der's Paradies nicht kennt, recht ziellos durch das leben rennt.» schrieben *Die Fünf aus Ellingen* am 1. 11. 2004 dort hinein. Haben Sie sich selbst schon dort eingetragen? Falls ja, dann gehören Sie zu den Auserwählten. Allen anderen aber sei es verraten: Das Paradies liegt im hintersten Spessart, dort, wo sich Fuchs und Hase *Gute Nacht* sagen und J. A. Hasenstab sein Räuberunwesen trieb.

Ein Jäger oder Förster hat hier – selten genug, dass es so etwas gibt – sein privates Häuschen den Spessartwanderern zugänglich gemacht, samt überdachter Sitzgruppe, Obst- und Blumengarten, Hochsitz, Spielwiese und einem kleinen Teich. Reger Flugbetrieb zu den zahlreich angebrachten Nistkästen herrscht allenthalben, herrliche Ausblicke auf die benachbarten Spessarthöhen bieten sich den Rastenden, auf dem Birkenholztisch liegt der Flaschenöffner, den man jetzt gebrauchen könnte. Daneben, in regendichter Hülle, findet sich das Gästebuch samt Stift, denn welcher Wanderer hat schon Schreibzeug dabei? Werfen wir einen Blick hinein.

Mit herzlichen Grüßen wendet sich eingangs, im Frühjahr 2002, «Ungenannt» an «alle, die nach uns hier noch sitzen werden». Ein Jahr später ist von Kinderhand zu lesen: «Blumen sind froh, und Vögel sie pfeifen froh und glüglich … und den Tag vergess ich nie». Fünfzehn Wanderfreunde aus Bessenbach haben sich ebenso eingetragen wie «die Schwoihier und Golwischer Großfamilie». Die «Blumenfreunde aus Aschaffenburg» haben sogar «Männertreu mitgebracht und gepflanzt». Jemand aus Würzburg begeistert sich: «Man sollte den Sommer hier verbringen dürfen», und ein Pfarrersehepaar vom Tegernsee schwärmt: «Ihr Haus erschien uns wie im Traum – und es ist ein Traum!»

Zwischen den Zeilen lesen wir zu unserer Freude immer wieder Worte des Dankes für dies paradiesisch-friedliche Fleckchen Erde jenseits von Eden: «Es danken dem netten Platzgestalter die Seeheimer Lotte und Walter» oder, wie es bei den vier Wanderern aus Frankfurt anklingt: «In der heutigen Zeit ist es nicht selbstverständlich, dass man an einem Privatgelände rasten darf.»

Die «Fünf aus Ellingen», die wir eingangs zitierten, waren ein halbes Jahr später abermals zu Gast. Wieder äußerten sie ihre Gedanken in Reimform, denen wir nichts hinzuzufügen haben:

«In der Bibel steht geschrieben.
dass Menschen – aus dem Paradies vertrieben –
alsbald ihre Sünd' verfluchten
und eine neue Heimat suchten:
Ein letztes Paradies sie fanden
beim Försterhaus in fränk'schen Landen.»

Ernst und Elisabeth von Kietzell, 3. September 2005

Schatten der Geschichte?

Ins Kino geht man normalerweise, um sich unterhalten zu lassen, um abzuschalten und in phantastische Welten abzutauchen. Man wird angerührt von Liebesgeschichten, die zwar nicht das Leben, dafür aber ein Drehbuchautor mit Sinn fürs Gefühl geschrieben hat. Manchmal erzählen die Leinwandgeschichten aber auch Geschichte. Und die ist in der Regel keine Unterhaltungskost.

In Wolfgang Petersens Film *Der Untergang* werden die Nachtschatten der deutschen Geschichte lebendig. Tausendfaches Sterben noch kurz vor dem Ende des Krieges. Menschliche Opfergaben auf dem Altar des Führerglaubens. Blinder Fanatismus, der in seiner Unmenschlichkeit nicht einmal vor dem Meucheln der eigenen Kinder zurückschreckt. Ein Tyrann, der – schon vom Verfall gezeichnet – in seinem unterirdischen Reich der Götzendämmerung entgegen wankt. Umgeben von Speichelleckern, die sich kraftlos treiben lassen. Immer noch begabt mit fast dämonischer Macht über menschliche Seelen. Er will das eigene Ende zu einem Weltuntergang überhöhen. Das deutsche Volk ist nicht wert, noch weiter zu existieren … Übrigbleiben soll nur verbrannte, tote Erde. *Der Untergang* prägt es noch einmal ein: Der letzte Wille Adolf Hitlers war Tod, war Vernichtung.

Das Dritte Reich ist Vergangenheit. Aber seine Schatten ragen in die deutsche Gegenwart hinein. Unheilvoll. Zerstörerisch. Denn Hitlers Missbrauch, seine Vergewaltigung von Werten und Worten macht befangen, diskreditiert – ja, wird von interessierten Kreisen sogar als Waffe eingesetzt, um diese Werte zu entwerten.

Wie war das gleich mit der Rede von der deutschen «Leitkultur»? Unterstellte die allseits aufbrandende Empörung nicht sogleich Deutschtümelei und Schlimmeres? Dabei wird vergessen, dass die «deutsche Leitkultur» jenseits des braunen Reiches aus christlich-jüdischen Wurzeln erwachsen und vom Geist der Bibel wesentlich geprägt ist.

Davon erzählt auch die Reformation dieser Leitkultur im Grundgesetz der Bundesrepublik Deutschland: Die Betonung der Menschenwürde – sie kommt etwa im Asylrecht verfolgten und schutzsuchenden Menschen aus anderen Kulturen zugute und erinnert daran, dass ein Mensch weit mehr ist als bloßes Humankapital. Das Bewusstsein, dass wir uns letztlich nicht vor irdischen Machthabern, Moden und Weltanschauungen zu verantworten haben, sondern vor Gott. Die Gleichberechtigung der Frau – im Geiste Jesu auch gegen manche kirchlichen Kreise erkämpft. Das Bewusstsein, eben nicht nur dem eigenen Geldbeutel, sondern auch dem Mitmenschen verpflichtet zu sein – getragen und erhalten vom Glauben an den menschgewordenen Gott. Soll unsere Gesellschaft menschlich bleiben und menschlicher werden, können wir auf diese Kultur nicht verzichten!

Die weit überwiegende Mehrzahl der heute lebenden Deutschen kann nicht verantwortlich gemacht werden für die Unmenschlichkeiten des Dritten Reiches. Sich hier und heute von der Kultur der Menschlichkeit leiten zu lassen, das allerdings liegt in unserer Verantwortung und ist die sinnvollste Art und Weise, aus der Geschichte zu lernen.

Michael Nachtrab, 25. September 2004

Zerbrechliche Gefäße

Erinnerungen sind wie ein Schatz fürs Leben. Die Erinnerung an glückliche Momente in unserem Leben ist eine Energiequelle, die uns niemand nehmen kann. Auch die weniger guten, sogar die schlimmen Erinnerungen sind kostbar. Sie gehören zu unserer Lebensgeschichte, ohne sie wären wir nicht die, die wir sind. Deshalb ist es gut, nicht zu vergessen, sondern die Erinnerung zu bewahren. Alles – das Gute und das Böse – braucht seinen Platz in unserem Leben, in unserer Erinnerung.

Die christlich-jüdische Tradition ist im Kern eine Erinnerungskultur. Glauben wächst dort, wo Menschen sich gemeinsam erinnern, was Gott ihnen und ihren Eltern und Großeltern, den unzähligen Generationen vor ihnen Gutes getan hat. Und sie vertrauen: Weil Gott uns damals befreit hat, wird er uns auch heute und morgen tragen und bewahren!

Erinnern braucht Anhaltspunkte: Geschichte und Bücher, ein Haus oder ein Grab, einen Duft oder ein Denkmal. Auch besondere Zeiten gehören dazu. So erinnert uns der 27. Januar an die Befreiung des Vernichtungslagers Auschwitz. Der «Yom Ha-Shoah» ist Gedenktag der Vernichtung von sechs Millionen jüdischer Menschen in Lagern und auf Todesmärschen, durch Giftspritzen, Vergasung, Erschießung oder medizinische Experimente. Er erinnert an die Roma und Sinti, an die Menschen mit geistiger und körperlicher Behinderung, mit psychischen Krankheiten oder anderen Merkmalen, die nicht zum Wahn der «Erbgesundheit» passten. Er erinnert uns an die beispiellose Anmaßung, sich zu Herrschern über Gesundheit und Krankheit, über lebenswertes und lebensunwertes Dasein, über Tod und Leben aufzuschwingen.

Das Bibelwort «Ihr tragt diesen Schatz in zerbrechlichen Gefäßen!» passt zu diesem Gedenktag. Ursprünglich schreibt Paulus diese Worte an die Gemeinde in Korinth. Der Schatz ist für ihn der frische, neugeborene Glaube an Christus. Er ruft dazu auf, behutsam damit umzugehen und ihn zu bewahren. Dabei ist auch diese erste Jesus-Erinnerung keineswegs ungetrübt. Vielen kam es damals unzumutbar vor, sich an einen zu erinnern, der elend am Kreuz zu Tode kam. Und doch ist die Erinnerung an den Gekreuzigten – und Auferstandenen – gerade für Paulus der Kern des Glaubens, der die Welt verändert und befreit!

Auch die Erinnerung an die Shoa ist ein «Schatz» der Erinnerung, der bewahrt werden muss; und zerbrechlich sind die Gefäße, in denen wir ihn tragen. Da sind Stolpersteine, über die man eben nicht mehr stolpert, sondern hinweg hastet. Da gibt es Gedenktage, an denen man keine Gedanken mehr verschwendet. Und schließlich sind auch wir selbst nichts als zerbrechliche Gefäße – Menschen, die manchmal zu schwach oder zu bequem sind, sich der Erinnerung zu stellen.

Gehen wir also behutsam mit der Erinnerung um. Respektieren wir die Zeiten, die ihr gewidmet sind und geben wir ihr den Raum, den sie braucht – denn wir brauchen ihn. Wir sind den Erinnerungen nicht einsam und ohnmächtig ausgeliefert; wir tragen sie gemeinsam und vor dem Angesicht Gottes, der jedes Gesicht und jede Geschichte erinnert, und bei dem nichts verloren geht.

 Ursula Silber, 23. Januar 2010

Und da klettern sie wieder …

Ein wenig fühle ich schon mit ihnen. Vier, fünf, gar sechs Wochen aushalten in Kälte und Einsamkeit. Irgendwo oben zwischen 2. und 3. Stock, waghalsig an einer Leiter turnend. Oder das eine Bein gerade über das Balkongeländer geschwungen. Die Fingerspitzen ans Fensterbrett gekrallt.

Und das Traurigste: Sie kommen doch nicht zum Ziel. Trotz aller Akrobatik. Werden dann in den nachweihnachtlichen Tagen hochgezogen oder abgeschnitten, mottensicher verpackt bis zum nächsten Klettertörn im Advent.

Kinder freuen sich meist über die fassadenkletternden Weihnachtsmänner. Erwachsene zählen sie schmunzelnd oder kopfschüttelnd auf ihren Wegen durch Stadt und Dörfer.

Es ist schon eine Mühe mit Weihnachten. Wie nur kommen die Geschenke ins Haus? Der Weg zum Fenster hinauf ist mühsam und gefährlich. Da haben es doch die amerikanischen Kollegen einfacher: Irgendwie schafft Santa Claus es durch den Schornstein!

Wohl dazu brauchen wir jedes Jahr einen Advent – um uns diese Fragen zu stellen. Nicht nur: Wie kommen die Geschenke ins Haus? Vielmehr: Wie kommt Weihnachten selbst ins Haus? Der Schmuck und die Geschenke – dazu gibt es Weihnachtsmarkt und Geschäfte. Aber Weihnachten selbst? Das, was wir uns erhoffen an Fröhlichkeit und Frieden?

«Macht hoch die Tür, die Tor macht weit», heißt es im Adventslied. Einfacher und schwieriger zugleich als der Weg über den Balkon oder durch den Schornstein: Die

Haustür öffnen für andere Menschen. Die Augen öffnen für das, was keiner beachtet. Die Ohren weit aufmachen für die leisen Töne. Die inneren Türen öffnen für den, der Frieden bringen will in diese Welt.

Geöffnete Türen und weite Herzen – die gibt's leider nicht im Billig-Discounter. Sie sind der einzige Weg, auf dem Weihnachten ins Haus und ins Herz kommen kann.

Wer so auf das Geschenk von Weihnachten wartet, der wird es auch geschenkt bekommen. Wahrscheinlich kommt es ganz unbemerkt an – nicht unbedingt über den Balkon oder das Fensterbrett.

Annette Lichtenfeld, 4. Dezember 2004

GOTT ERFAHREN

Kreuzwort

K
W O R T
E
U
Z

Mit manchem Wort ist es ein Kreuz.
Manches wird durch ein Wort zum Kreuz.

Ein Wort kann zum Balken werden,
der sich im Ohr quer legt
oder sich schwer auf den Magen schlägt.
Das Wort wurde ins Unreine gesprochen,
ohne vorher gedacht worden zu sein.

Wohl dem, der nachfragt,
wie es gemeint war.
Ob es nur so dahingesagt war,
ob eine Absicht dahinter klingt.

W O R T   Wort ohne Kreuz

Es ist kein Kreuz mehr da,
aber jetzt fehlt das Aufrechte.
Das Wort ist nicht geerdet.

Einem Wort kann es mangeln
an aufrechter Verbindung
und an Grund,
weil es bodenlos war
und den anderen klein gemacht hat.

Wohl dem, der Worte aussucht,
die den Anderen, die Andere
nicht in der Luft hängen lassen.

Kreuz ohne Wort

Da fehlt mir das Wort.
Es bleibt nur ein Pfahl,
der schmerzt.

Eine vermisst ein tragendes Wort
in den dunkeln Tagen.
Einer sehnt sich nach einem guten Wort.

Gott gab uns sein Wort.
Es wurde Fleisch in Jesus Christus
und wohnte unter uns:
In seinen deutlichen Worten,
die manches quer dachten.
In seiner Standfestigkeit
mit der er für Menschen eintrat.
In seiner Zusage
des Getragenwerdens
auch in dunklen Zeiten.

Wohl Gott,
der uns ein Beispiel gegeben hat.

Claudia Dürr, 12. *November* 2005

Warten als Kunst

Ich sollte einen älteren, blinden Herrn zu seinem Zug begleiten. Wie ich das im Umgang mit Blinden gelernt hatte, reichte ich ihm den Arm zum Einhaken. Nichts ist für einen Blinden unangenehmer, als geschoben oder gezogen zu werden. Es genügt ihm, wenn er den Oberarm des anderen wie ein Geländer berühren kann. Erstaunlich sicher und schnell lief er neben mir durch das endlose Gewühle im Münchner Hauptbahnhof. So gut es ging, suchte ich uns einen Weg durch die Menge.

Plötzlich sprach mich eine Frau an, dass an einem Biertisch jemand zusammengebrochen sei, und ich zur Hilfe kommen sollte. Kurz musste ich meinen blinden Begleiter allein lassen. «Wir haben noch Zeit bis zur Abfahrt ihres Zuges! Bitte bleiben Sie hier stehen und rühren Sie sich nicht von der Stelle. Ich bin in einigen Minuten wieder da!» Ich ließ ihn los und rannte dann zu den Biertischen. Die Sache dort war harmlos. Da hatte einer halt über den Durst getrunken. Nachdem die Sanitäter zur Stelle waren, konnte ich gehen. Mitten in dem Riesengetümmel, mitten unter den unzähligen Menschen, die zielsicher und hektisch wie auf unsichtbaren Geleisen durcheinander liefen – dort stand er: Der Blinde. Er stand wie ein Fels in der Brandung. Ganz entspannt, ganz gelassen und wie ein Fremdkörper inmitten all der schnellen Bewegungen.

Er schaute nicht nach mir aus – er hätte es ja nicht gekonnt. Er klopfte nicht ungeduldig mit dem Fuß – er hatte ja Zeit. Er bewegte sich nicht vom Fleck – das wäre ja gefährlich gewesen.

«Hier bin ich wieder … entschuldigen Sie, dass Sie warten mussten», so sprach ich ihn an. «Kein Problem – ich wusste doch, dass Sie kommen.»

Advent – das sind einige wenige Wochen im Jahr, die sichtbar und spürbar machen sollen, was christlicher Glaube auch ist: Warten müssen – Warten können. Vieles ist unerfüllt von dem, was Gott dieser Welt versprochen hat. Alles ist unvollkommen, was wir im Namen Jesu Christi tun und sagen wollen. Manchmal ist nichts davon zu sehen, dass Weihnachten die Welt besser macht – weder das erste Weihnachten noch das nächste, für das wir uns rüsten. Glauben heißt auch Warten. Aber wie? So wie jener Blinde mitten im Bahnhofsgewühl: Wie ein Fels in der Brandung, geduldig und gelassen. Kein angestrengtes Ausschauhalten, keine noch so schöne Vorbereitung beschleunigen den Schritt dessen, der zu uns kommen wird. Ob er pünklich kommen wird? Zum 24.12. um 17.00 Uhr? Muss er nicht. Hauptsache, er kommt. Wir haben sein Wort drauf.

Jörg Ditttmar, 2. Dezember 2006

Mut zum Segnen

Zu dem, was früher einmal fraglos war, gehört heute schon etwas Mut, nämlich vor dem Essen zu beten oder das Brot zu segnen, sei es zu Hause, im Gasthaus oder unterwegs. Und doch ist das gute alte Tischgebet von hohem Sinn und Wert. Leider ist es vielen fremd geworden oder von zu Hause her nicht mehr selbstverständlich mit auf den Lebensweg gegeben worden. So braucht es tatsächlich Mut, um bei Tisch zu beten.

Jedoch lässt sich das Essen auf vielen Wegen, auch im Stillen, segnen. Schon beim Zubereiten kann man innerlich die Nahrung anlächeln und sagen: «Möge diese Nahrung gesegnet sein mit Liebe und Lebenskraft.»

Man kann auf eine Salz- oder Gewürzdose zusätzlich «Liebe» schreiben und mit diesem Bewusstsein auch Liebe ins Essen geben. Denn meistens schmeckt eine mit Liebe gekochte Mahlzeit besser, macht mehr Freude und ist bekömmlicher als eine von einem depressiv wütenden Starkoch zubereitete.

Segnen ist eine Grundfähigkeit des Menschen, ja sogar ein Grundauftrag aller Menschen und kein Privileg für nur ein paar Auserwählte. Ein starker Segen geht vor allem von einem dankbaren Menschen aus. Nehmen Sie sich vor dem Essen fünf bis zehn Sekunden Zeit. Nehmen Sie die Nahrung, die Farben, die Konsistenz, den Geruch aufmerksam und bewusst wahr und seien Sie einfach dankbar für das Essen, das Sie jetzt vor sich haben. Auf dieser Welt ist das ein Privileg und Geschenk. Wie viele haben es heute nicht.

Wenn Sie ein Brot oder einen Apfel essen, könnten Bilder bei Ihnen wach werden, wie zum Beispiel Bäume und

Kornfelder, die sich im Wind bewegen. Sie könnten sich die Sonne auf diesem Feld vorstellen, einen Regentropfen, Tautropfen auf dem Apfelbaum. Oder denken sie dabei an die Blüten, die davor waren und an die Kraft der Sonne. Denn eigentlich ist all das in jeder Nahrung, in jedem Laib Brot enthalten.

Dadurch, dass Ihnen all das voll bewusst ist, wird jede Nahrung zum Segen und sogar zur Gabe Gottes. Ich wünsche Ihnen viel Mut zum Segnen und immer einen guten Appetit.

Arnold Hartlaub, 21. *Oktober* 2006

Der Stern in dir

Der Bogen, den die Deutung des Dreikönigsfestes in meinen Erinnerungen spannt, ist gewaltig: Als Kind und Jugendlicher reihte ich mich in die bunte Sternsingerschar ein, die dem Stern folgend mit funkelnden Kronen geschmückt, singend durch die Straßen zog und lauthals ihr Bekenntnis «Hoch am Himmel steht ein Stern, spricht von Christus unserem Herrn» in die spätweihnachtliche Zeit hinein sang. Bis heute sind sie so engagiert und so frierend wie wir damals unterwegs, um für Kinder in Not Geld zu sammeln.

Dann gab es für mich die Zeit der Beschäftigung mit dem Ursprung des Epiphaniefestes, der auf die Zeit des frühen Christentums verweist, wenn, wie heute noch in der Ostkirche üblich, mit der Feier des Tauftages Christi der Beginn einer Spirale des Jahreskreises gefeiert wird, die das Christusgeheimnis umkreist.

Dann gab es die Beschäftigung mit der Epiphanie als kosmisches Geschehen: Schließlich ereignet sich die Konjunktion von Jupiter und Saturn nicht jeden Tag am Sternenhimmel. «Der Stern blieb stehen über Jakobs Haus, da sind sie hineingegangen, das Öchslein brüllte, das Kindlein schrie, die Heiligen drei Könige sangen», weiß Heinrich Heine mit einem Augenzwinkern vom äußeren und inneren Klang des Geschehens im Stall zu Bethlehem zu dichten.

Heute aber steht für mich dieser stillschweigende Stern von Bethlehem nicht mehr still: Er bewegt mein Inneres; denn ich sehe in ihm ein Bild für das Wirken Gottes im Herzen der Menschen, Christus oder zumindest seinen

Geist zu entdecken. Für den indischen Bruder Martin Sahajananda sind die drei Könige, Magier oder Weise Symbolgestalten des menschlichen Wissens, das der göttlichen Weisheit, dem Christuskind zu Füßen fiel – unter dem Stern. Er ist Bild für die Weisheit, die vom Ganzen, vom Ewigen her denkt.

In einer Zeit, in der sich das Weltbild, das Denken, das Klima, die Ziele der Wirtschaft und Gesellschaft zu wandeln beginnen, sollten wir daran denken, dass wir nichts, aber auch gar nichts zu verlieren haben, wenn wir vom Ganzen her denken, uns das menschliche Antlitz Gottes anschauen und uns von ihm anregen lassen.

Peter Spielmann, 6. Januar 2009

Zur Hoffnung berufen

Die Stimmung im Lande ist gut. Die Arbeitslosenzahlen bröckeln, die Wirtschaft brummt, der Konsum zieht an. Wer nur die aktuellen Wirtschaftsdaten liest, könnte meinen, wir befänden uns in einem rundum glücklichen Land. Doch das ist nur die eine Seite der Wahrheit. Zur anderen gehört: Knapp unter der Oberfläche gärt es. Das liegt nicht nur an den drei Prozent Mehrwertsteuererhöhung. Bereits seit Jahren durchzieht unsere Gesellschaft ein seltsames Gefühl der Verunsicherung. Da fragen sich junge Menschen ernsthaft, ob sie überhaupt noch Kinder in die Welt setzen wollen und Ältere sagen: «Wie gut, dass ich schon so alt bin und nicht mehr erlebe, was auf uns zukommen wird.»

Ob Klimawandel oder Globalisierung, ob alternde Gesellschaft oder Werteverlust – gerade die Medien verstehen es, auf der Klaviatur der Ängste meisterhaft zu spielen. Da bedarf es eigentlich nur noch eines konkreten Anlasses, etwa des Sturmtiefs Kyrill, und schon kriecht die Depression aus allen Ritzen hervor.

Immer wenn ich Menschen treffe, die ein so düsteres Bild von der Zukunft haben – und manchmal ertappe ich mich ja selbst dabei –, dann möchte ich am liebsten ein Wort des Apostels Paulus dagegen halten. Er hat einst an die Christen in Ephesus geschrieben: «Gott gebe euch erleuchtete Augen des Herzens, damit ihr erkennt, zu welcher Hoffnung ihr von ihm berufen seid.» Paulus war kein Träumer. Keiner, der sich mit einer rosaroten Brille die Welt zurechtbog. Im Gegenteil, er war ein Realist mit einem wachen Gespür für das, was wirklich zählt im Leben.

Und zu einem solchen Realismus gehört eben, sich nicht blenden zu lassen vom Augenschein und schon gar nicht von dem, was andere einem vorgeben.

Als Christen sehen wir weiter als das, was gerade *in* ist. Als Menschen, die auf Gott vertrauen, bleiben wir nicht an Äußerlichkeiten kleben, sondern sehen mit unseren Herzen genauer hin. Und da erkennen wir: Gott hat uns dazu berufen, dass wir mit ihm rechnen dürfen. Wir dürfen darauf vertrauen, dass er seine Welt nicht sich selbst überlässt, sondern mitten in ihr präsent ist. Der Dreh- und Angelpunkt unseres Glaubens liegt außerhalb unser selbst. Auch außerhalb dessen, was die Welt uns bieten kann. So verankert können wir gelassen und zuversichtlich die Zukunft in die Hand nehmen. Denn Gott ruft uns heraus aus unserer Mutlosigkeit und eröffnet neue Perspektiven, auch zu politischem Handeln. Wir sind zur Hoffnung berufen und nicht zum Kleinmut.

Und wenn wir wieder einmal hin- und hergerissen sind zwischen der Euphorie momentaner Erfolge und Zukunftsangst, dann nehmen wir Gott beim Wort, dann soll er uns die «erleuchteten Augen des Herzens» schenken, damit wir ihn erkennen – mitten im Alltag des Lebens.

Rudi Rupp, 20. Januar 2007

Die andere Seite des Lichts

Montags bei der Abteilungsleiterkonferenz: Der Kollege bemängelt, dass der Bewegungsmelder in der Tiefgarage nicht funktioniert. Verzweifelt fragt er in die Runde «Oder ist das vielleicht nur bei mir so, reagiert vielleicht das Licht nicht auf mich?» Nein, natürlich kennen alle das Problem. Meine Gedanken springen weg von der Problematik der nicht erleuchteten Tiefgarage hin zu Berthold Brecht: «Die einen sind im Dunkeln und die andern sind im Licht».

Das trifft auch heute wieder oder immer noch das Lebensgefühl vieler Menschen. Nicht auf der Sonnenseite des Lebens zu stehen, nicht erreicht zu werden vom Licht – das ist immer wieder Thema, wenn ich wegen persönlicher Probleme um ein Gespräch gebeten werde. Manchmal kommt es auch vor, dass jemand enttäuscht darüber ist, in Glaubensdingen immer noch im Dunkeln zu tappen: «Mein ganzes Leben lang gehe ich in den Gottesdienst, aber ehrlich gesagt, lässt mich das alles irgendwie kalt, es erreicht mich einfach nicht!» »Ich meditiere seit Jahren, aber ich fühle nichts dabei,es langweilt mich eher.» Gibt es das also vielleicht wirklich, dass das Licht auf manche Menschen nicht «reagiert»?

Mitten in der dunkelsten Jahreszeit feiern die christlichen Kirchen eines ihrer größten Feste: Weihnachten. Diese Tatsache könnte unser Verhältnis zur Dunkelheit radikal verändern: Dunkel muss nicht automatisch traurig, böse und beängstigend sein. Könnte man einmal eine Kerze nach ihrem Verhältnis zur Dunkelheit fragen, dann würde sie möglicherweise sogar eine Liebeserklärung an das Dunkel abgeben. Denn ohne die Schwärze und die

Finsternis wäre das Licht ein Nichts. Unsere ganze Adventsstimmung lebt von der Spannung zwischen Hell und Dunkel, unser Biorhythmus braucht Tag und Nacht. Beides gehört zur Schöpfung. Ein altes Sprichwort sagt: «Jedes Geschöpf ist seinem Schöpfer ähnlich». Also ist auch die Nacht göttlich. An Weihnachten hat Gott die Nacht auf besondere Weise gesegnet. Die Adventszeit mit ihrem Spiel von Licht, Schatten und Dunkelheit will uns auf dieses Ereignis vorbereiten. Es ist eine Zeit der Übung, mit dem Dunkel vertraut zu werden.

Illuminieren Sie vielleicht einmal nicht automatisch jeden Abend das ganze Haus, sondern trauen Sie sich ruhig, im dunklen Zimmer zu sitzen. Vielleicht stecken Sie dann ganz bewusst eine kleine Kerze an und tasten sich so ganz vorsichtig an das Geheimnis von Licht und Dunkel heran. Sie werden merken: Das Dunkel ist uns nicht fremd, ist nicht der böse Teil des Ganzen, sondern die andere Seite des Lichts. Versuchen Sie einmal, die Finsternis, die Gottesferne oder das Leid unter diesem Aspekt zu sehen. Es könnte sein, dass sich etwas verwandelt.

Gerne stelle ich Ihnen als Hilfe dazu die Worte des Psalms 139 zur Verfügung: «Würde ich sagen, Finsternis soll mich bedecken, statt Licht soll Nacht mich umgeben – auch die Finsternis wäre für dich nicht finster, die Nacht würde leuchten wie der Tag.

Mit diesem Satz kommt man durch dunkle Tiefgaragen und noch viel weiter. Man kommt damit durchs Leben.

Eva Meder-Thünemann, 5. Dezember 2009

Taschen-Segen

Es gibt die kleinen notwendigen Dinge, die wir schmerzlich vermissen, wenn wir sie im Notfall nicht dabei haben: Der Taschenschirm beim plötzlichen Regenguss; das Taschentuch, wenn die Nase läuft; der Taschenkalender, wenn die Übersicht verlorengeht; das Taschenmesser, der Taschenspiegel, der Taschenkamm, das Taschenlämpchen … Alles Dinge, die auch in eine kleine Tasche oder den Rucksack passen, wenn wir aus dem Haus gehen.

Seit einiger Zeit findet sich in meiner Geldbörse neben diversen Karten und zwischen Geldscheinen auch ein gefalteter Zettel mit Segensworten. Die ersten beiden Strophen stammen von einem irischen Segen. Er hat mich inspiriert, sieben weitere eigene Strophen hinzuzufügen.

Immer, wenn ich den Segen lese, entdecke ich neue Seiten, je nachdem, was ich gerade erlebe und was mir gerade durch den Kopf geht. Der Taschen-Segen ist mir kostbar geworden. Manchmal erinnert er mich daran, dass es Zeit ist, mir eine Atempause zu gönnen. Immer ist er eine Kraftquelle, die ich kostenlos anzapfen darf. In seinen Bildern spüre ich, dass Gottes liebender Blick auf mir ruht. Mein Atem wird ruhig und tief und in mir steigt ein Lächeln auf. Die Arbeit geht mir leichter von der Hand, manche übertriebene Sorge wird zurechtgestutzt und ich bin aufmerksamer für die Menschen, denen ich begegne.

Probieren Sie es einfach! Kopieren Sie sich den Taschensegen aus dem Buch und nehmen Sie ihn als Begleiter mit. Lassen Sie sich überraschen, welche Saiten er in Ihnen zum Klingen bringt. Ich wünsche Ihnen eine gesegnete Zeit.

Deine Hände
mögen immer ihr Werk finden
und eine Münze in der Tasche,
wenn du sie brauchst.

Das Licht der Sonne
scheine auf deinen Fenstersims,
Dein Herz sei voll Zuversicht,
dass nach dem Gewitter ein Regenbogen folgt.

Rosen sollen blühen vor deinem Haus
und Freunde und Fremde locken an deinen Tisch.
Sei freigiebig, teile deine Gastfreundschaft
und dein Leben wird reich und bunt.

Große Ohren wünsche ich dir,
dass Menschen in deiner Nähe
zu sich selber finden
und die Quellen ihrer Kraft spüren.

Verlier dich im Spiel .
Beweg dich im Tanz.
Sing Lieder ohne Angst vor falschen Tönen.
Mal Bilder deiner Freude und Traurigkeit.

Trau deinen Träumen.
Sie sind Boten einer neuen Erde.
Stell dich dem Kampf, wenn es nötig ist,
doch lass den Friedensvogel nisten.

Bei allem, was du tust,
vergiss nicht die Ruhe und die Zeit des Müßiggangs.
Gib deinem Atem Raum,
dass er deinen Schritten zu folgen vermag.

Lust und Zärtlichkeit
mögen dir begegnen auf deiner Lebensreise.
Sie sind Geschenke des Himmels
inmitten der vielen Plackerei.

Und der in seiner Liebe allmächtige Gott
möge dein Herz erfüllen.
Er möge leuchten in deinen Augen
und dich schützen auf deinen Wegen.

Burkhard Fecher, 6. Februar 2010

FLAGGE ZEIGEN

Damit du dich freust

Da kommt ein Mann in den Himmel und darf sich gleich mal beim Lieben Gott melden. Der fragt den sehr erbost wirkenden Menschen, ob ihm denn sein Leben gefallen hat. «Was», regt der sich auf, «das Leben auf dieser Welt?» Und dann beginnt er mit einer Jammer-Litanei: wie schwer er es gehabt hätte, wie Ungerecht das Leben sei und er gipfelt die Vorwürfe in dem Satz: «Aufgearbeitet habe ich mich für dich!» Darauf sagt Gott in bedauerndem Tonfall: «Das hätte es nicht gebraucht! Ich habe dir doch das Leben geschenkt, damit du dich freust!»

Erzählt hat mir diese etwas andere Variante der «Münchner im Himmel-Geschichte» ein Pfarrer, der von sich sagt, dass er sein ganzes Leben lang mit Depressionen gekämpft hat. Meistens ist er Sieger über diese Krankheit geblieben, leider nicht immer. Es sei mit das Schlimmste, so stellte er fest, wenn einen das Leben nicht mehr freut! Kraft zum Durchhalten hat der inzwischen verstorbene Priester in der Gewissheit gefunden, dass die Freude am Leben das eigentliche Ziel eines christlichen Lebens ist.

Freuen – das meint etwas anderes als nur Spaß haben. Echte Freude geht tiefer, wird geschenkt, ist mit Geld nicht zu bezahlen. So kann es einem zum Beispiel unheimlich viel Kraft geben, in einem Team zu arbeiten, in dem man sich versteht, in dem man sich aneinander und miteinander freut, nicht nur an der geleisteten Arbeit. Und da gibt es als weiteres Beispiel diese Menschen, die ein Strahlen in den Augen haben, die eine Stimmung durch ihr bloßes da sein zum Positiven verändern können. Glücklich, wer solche Menschen kennt, noch glücklicher, wer selbst so ein

Mensch ist und ganz offensichtlich aus einer inneren Freude heraus lebt.

Die Kraft der Freude ist in jedem Menschen grundgelegt ist. Sie ist nur oft durch die vielen Alltäglichkeiten, Verletzungen und Enttäuschungen verschüttet. Die Jammerlitanei des Mannes aus der Geschichte am Anfang kennen wir alle zu genau. Die Zusage: «Ich habe dir das Leben geschenkt, damit du dich daran freust» hören wir viel zu selten. Schade, denn sie könnte der Ansporn sein, nach dem Frohmachenden zu suchen, oder anders ausgedrückt: sie könnte helfen, den göttlichen Funken der Lebenslust zu entdecken. Diese geistvolle Energie aufzuspüren kann sich lohnen: für mich, der ich dann das Leben viel leichter angehen kann und für meine Nächsten, die es leichter mit mir haben, wenn sie sich an mir und mit mir freuen können. Und wer mit Freude Christ sein kann, der macht die beste Werbung für einen Glauben, der den Menschen die Fülle des Lebens verspricht.

Nicht umsonst heißt es im Alten Testament bei Nehemia: «Die Freude an Gott ist unsere Stärke». Diese Stärke kann ich nutzen, nicht um die Mauern der Alltäglichkeiten, Verletzungen und Enttäuschungen zu ignorieren, sonder um sie sozusagen mit Freudensprüngen hinter mich zu lassen.

Burkard Vogt, 12. *Juli* 2008

Der barmherzige Samariter

Da stehe ich nun – mitten auf der Kreuzung. Es regnet in Strömen, und mein Auto lässt mich im Stich. Gerade noch wartete ich darauf, dass ich links abbiegen kann, da geht plötzlich der Motor aus. Nichts rührt sich mehr.

Alle Versuche, meinen Wagen wieder in Gang zu bringen, scheitern. Schon kommen die ersten Hupen zum Einsatz. Wild gestikulierende Fahrer, denen bestimmt gerade wüste Beschimpfungen oder herablassende Bemerkungen entschlüpfen, versuchen, an mir vorbei zu kommen. Es gelingt mir, wenigstens den Wagen von der Straßenmitte rollen zu lassen, den Verkehr blockiert er aber immer noch. Die nächste Ampelphase – nun hupt es auch noch aus der Gegenrichtung.

Durch die inzwischen anlaufenden Scheiben sehe ich ihn: Ein Lastwagenfahrer stoppt sein Gefährt und möchte in dieser misslichen Lage helfen. In ruhigem Ton erkundigt er sich nach dem Problem und hilft mir, mein Fahrzeug auf die Seite zu bringen. Dann bietet er mir noch an, mich ein Stück mitzunehmen. Selbstverständlich, freundlich, hilfsbereit.

Er steht mir spontan zur Seite, während alle anderen kopfschüttelnd möglichst schnell an der Störung vorbei wollen. Dass er Ausländer ist, wird mir erst bewusst, als ich klopfenden Herzens froh bin, keinen Unfall verursacht zu haben. Mein warmherziger Samariter ist da bereits wieder weg.

Mich beschäftigt diese Begegnung noch den ganzen Tag. Zum einen spüre ich eine tiefe Dankbarkeit, zum anderen kommen mir Situationen in den Sinn, in denen ich achtlos an Menschen vorüber gehe, die gerade jetzt ein wachsames Herz, ein gutes Wort, eine helfende Hand nötig haben. Aufmerksam, liebevoll und bereit zum Handeln.

Andrea Marquardt, 27. März 2003

Gönne dir eine eigene Meinung

Durch den April begleitet mich ein Spruch auf dem Kalenderblatt: «Steigerung des Luxus: eigenes Auto, eigene Villa, eigene Meinung!» Dazu passt das Fest der heiligen Katharina von Siena, Kirchenlehrerin und Patronin Europas. Sie lebte im vierzehnten Jahrhundert: bettelarm, aber stets mit dem Luxus einer eigenen Meinung.

Katharina ist die Tochter wohlhabender Eltern. Die wollen ihre Tochter standesgemäß verheiraten – aber sie stellt sich quer. Sie tritt in den Dritten Orden der Dominikaner ein. Das heißt, Katharina entscheidet sich nicht für ein sicheres Leben hinter Klostermauern, wo Töchter aus gutem Hause die Tage mit Choral und Studium verbringen. Sie wählt ein Leben in Armut wie Franziskus und Dominikus, lebt auf der Straße und beginnt zu predigen, gefolgt von einer Schar aus Jüngern und Jüngerinnen – unerhört! Bald gerät sie in den Verdacht, eine Ketzerin zu sein, und muss sich vor ihren Ordensoberen rechtfertigen. Aber die finden keinen Grund zur Verurteilung.

Zu Katharinas Zeit wütet die Pest. Der Papst, jahrhundertelang Symbolfigur für die Einheit von geistlicher und weltlicher Macht in Europa, gerät unter den Einfluss des französischen Königs – so weit, dass er schließlich Rom verlässt und fortan in Avignon residiert. In Rom regiert bald ein Gegenpapst. Es kommt zur Kirchenspaltung. Nationalstaaten entstehen. England und Frankreich befinden sich im Hundertjährigen Krieg. In Italien bekämpfen sich Adelsparteien; der Graben zwischen Arm und Reich wird immer tiefer.

Katharina mischt sich ein. Sie schreibt an den Papst in

Avignon: «Ihre Säumigkeit hat schon viel Verwirrung entstehen lassen! Setzen Sie gute Hirten ein, denn die schlechten Hirten sind die Ursache für den Niedergang der Kirche.» Knapp dreißigjährig trifft sie selber in Avignon ein, um den Papst zur Rückkehr nach Rom zu bewegen – mit Erfolg! Katharina wirkt als Friedensstifterin: Sie ermahnt den König von Frankreich, den Krieg mit England zu beenden. In Italien vermittelt sie zwischen verfeindeten Städten und Adelsparteien. Sie begleitet Todeskandidaten vor und während der Hinrichtung, so dass sie Frieden mit ihrer eigenen Lebensgeschichte schließen können. Sie stirbt 33-jährig am 29. April 1380 in Rom.

Wie jeder Mensch war Katharina Kind ihrer Zeit. So bleibt sie mir auch ein Stück fremd. Vor allem aber beeindruckt mich ihr Mut. Sie war alles andere als konfliktscheu. Um des größeren Friedens willen war sie eine streitbare Frau. Sie hat eigenständig gedacht und gehandelt, Missstände beim Namen genannt, getadelt, getröstet, ermutigt. Wenn ich übermorgen mein Kalenderblatt abreiße, nehme ich Katharina in Gedanken mit als Weggefährtin und Mutmacherin. Ich lasse mir von ihr zusagen: Gönne dir den Luxus einer eigenen Meinung!

Hildegard Gosebrink, 28. April 2012

Tag der Arbeit

Erster Mai, Tag der Arbeit, Feiertag; doch ein kirchlicher ist es nicht, eher der Feiertag der Arbeiterbewegung und der Gewerkschaften. Ursprünglich bildete der 1. Mai sogar eine Art Gegensatz zu einem kirchlichen Feiertag. Einfach deshalb, weil das Verhältnis von Arbeiterbewegung und Kirche von Gegensätzen geprägt war.

Der Schweizer Pfarrer Leonhard Ragaz war einer der wenigen Theologen, die sich mit der Sache der Arbeiterbewegung solidarisierten. Dies ging so weit, dass er 1921 seine Theologieprofessur aufgab und aus der hübschen Villengegend am Zürichberg ins Arbeiterviertel Außersiehl umzog, wo er bis zu seinem Tod im Jahr 1945 als freier Schriftsteller und Redakteur lebte.

In einer 1922 veröffentlichten Predigt setzte er sich mit der damaligen Einstellung der Amtskirche auseinander, sich für das Seelenheil der Arbeiter und ihr «inneres Leben» zuständig zu fühlen, ohne ihren äußeren Lebensumstände hinreichend Beachtung zu schenken. Ragaz hingegen betonte, dass für die meisten die Entfaltung eines «Innenlebens» nur unter menschenwürdigen Existenzbedingungen möglich sei. Wer zehn Stunden und mehr am Tag schuften muss und auf engstem Wohnraum unter primitiven Bedingungen mit seiner Familie zusammengepfercht ist, von dem kann man nicht die Entfaltung kultureller und religiöser Bedürfnisse erwarten.

Sicher haben sich seitdem die äußeren Lebensbedingungen von Arbeitern entschieden zum Besseren hin geändert. Doch ist deswegen keineswegs alles gut. Nicht so sehr materielle Not bestimmt heute die äußeren Zustände von Arbeitnehmern, sondern die beständige Angst um den Arbeitsplatz, die Unsicherheit, die geschürt wird durch Überwachung und Kontrolle. Oder durch die Schließung bestehender und die Gründung neuer Filialen mit dem Austausch bisherigen Personals gegen neue, geringer entlohnte Arbeitskräfte. Auch so kann man jede Freude an der Arbeit verderben. Denn wie kann sich jemand mit Ausdauer, Selbstvertrauen und Zuversicht in einer Angelegenheit engagieren, die ihm zugleich existenzielle Ängste verursacht?

Leonhard Ragaz meinte, dass sich die Kirche aus solchen Fragen nicht heraushalten dürfe, sondern für gerechte Verhältnisse einzutreten habe, wenn sie die zweite Bitte des Vaterunsers ernst nehmen wolle. Er stellte die auch heute aktuelle Frage: «Denn wie sollen sie [also die Arbeitnehmer] in einer Welt, wo ihnen nur Mammonsherrschaft, Herzlosigkeit, grausamer Kampf ums Dasein entgegentritt, an den Gott der Weisheit und Güte glauben?»

Manfred Horlebein, 1. Mai 2005

Kundgebung für die Würde

So, da haben wir's: «Weißer Sonntag» und «1. Mai» an einem Tag. Überhaupt zum ersten Mal seit der «Tag der Arbeit» begangen wird, fällt er mit dem katholischen Fest zusammen, an dem Kinder in die Gemeinschaft der Eucharistie aufgenommen werden.

Welcher Kontrast! Weiße Kleider oder Rote Fahnen. Kirche oder Gewerkschaft. Religiöse Rituale in der Kirche oder politische Forderungen auf der Straße.

In den letzten Jahren konnte ich für mich persönlich aus dem «oder» ohne Probleme ein «und» machen. Doch: Wo werde ich am Sonntag auftauchen? Ich weiß es noch nicht. Eines will ich mir jedoch vornehmen: Gehe ich zu einer «Erstkommunion», dann werde ich es auch in innerer Dankbarkeit für den Einsatz der Arbeiterbewegung tun. Für ihren Einsatz gegen Kinderarbeit und für menschenwürdige Lebensbedingungen zum Beispiel. Gehe ich zur «1.-Mai-Kundgebung», dann werde ich es auch in innerer Dankbarkeit für den Einsatz der christlichen Kirchen tun. Für ihren Einsatz gegen Kinderarbeit und für menschenwürdige Lebensbedingungen zum Beispiel.

So oder so erhoffe ich mir «Kundgebungen» dafür , dass die Würde des Menschen unantastbar ist. Eine treffende Umschreibung übrigens für die Aussage der weißen Gewänder, die vielerorts von den Kommunionkindern getragen werden. Sie erinnern an das Taufkleid, in dem den jungen Christen von Gott her höchste Würde zugesprochen wurde.

Im Sinne einer «Politischen Theologie» sehe ich noch einen weiteren tiefen Bezug der beiden Feiertage, die heuer durch den späten Ostertermin zusammenfallen: Johann Baptist Metz spricht im Zusammenhang der Eucharistie von einer «gefährliche Erinnerung». Wer an der Vergegenwärtigung des letzten Abendmahls Jesu teilnimmt, begibt sich in die Nachfolgegemeinschaft dessen, der seinen Weg für Menschlichkeit und Lebensfülle konsequent und mutig bis zum Ende gegangen ist – und darüber hinaus. Es gab und gibt nicht wenige Christinnen und Christen, die sich exakt aus dieser «gefährlichen Erinnerung» heraus der Arbeiterbewegung angeschlossen haben. Wenigstens für sie gehen weißes Kleid und rote Fahnen sehr wohl zusammen.

Richard Rosenberger, 30.*April* 2011

Einfach, gläubig, konsequent

Wir Menschen brauchen Vorbilder, wir leben von Vorbildern, lernen an Vorbildern. Als Jugendlicher habe ich – wie wohl viele andere auch – Karl-May-Bücher gelesen oder die Verfilmungen angesehen und man hat sich identifiziert mit Winnetou oder Old Shatterhand. Oder man hat sich mit großen Musikern oder Sportlern verglichen, hat sich ausgemalt, wie das wäre, einmal selbst in ihre Fußstapfen zu treten.

Von unserem Glauben kennen wir auch so ein Lernen an Vorbildern. Wir nennen es Nachfolge. Wir schauen auf Menschen, die ihre Beziehung zu Gott besonders überzeugend und glaubwürdig gelebt haben, es zumindest versucht haben und versuchen dann unsererseits, es ihnen nach zu machen.

Das beste Vorbild gelebten und gelingenden Glaubens ist sicherlich Jesus von Nazareth selbst. So wie er Vertrauen auf Gott, Offenheit für Neues, Dasein für Andere, Liebe zum Nächsten gelebt und vorgelebt hat, das zieht auch nach zweitausend Jahren Menschen in seinen Bann.

Darüber hinaus kennen wir die Verehrung von Menschen, die ebenfalls in ihrer ganz eigenen Art versuchten, das, was sie vom Glauben an Gott verstanden, mit Leben zu füllen und Nachfolge zu leben. Solche Menschen nennen wir in der katholischen Tradition Selige oder Heilige. Und sicher fallen uns spontan Namen ein: Franziskus, Benedikt, Elisabeth von Thüringen, Edith Stein, Maximilian Kolbe … In ihrer Zeit und in ihrem Denken haben sie versucht, das Evangelium überzeugend zu leben. 2011 wurde dieser Reihe von Seligen und Heiligen ein weiterer hinzu gefügt, einer aus unserer Diözese Würzburg: Georg Häfner, der als Pfarrer von Oberschwarzach mit den Nationalsozialisten in Konflikt geriet und im August 1942 im Konzentrationslager Dachau an Unterernährung und Entkräftung starb.

Das ist nun alles mehr als siebzig Jahre her. Seitdem hat sich viel geändert in unserer Welt, in unserem Denken, in unserer Art zu leben. Seit sechs Jahrzehnten ist unser Land von Krieg und Diktatur verschont geblieben. Das Zweite Vatikanische Konzil hat das Bild der katholischen Kirche nachhaltig verändert. Pfarrer Häfner hatte noch ein völlig anderes Priester- und Kirchenbild. Wie kann er uns heute Vorbild sein?

Vielleicht in der Hinsicht, dass er in einem glaubens- und kirchenfeindlichen Umfeld Flagge zeigte und für seine Überzeugung einstand – bis zur äußersten Konsequenz. Wir leben in einer pluralen Gesellschaft, in der die Meinungsfreiheit als eines der höchsten Güter angesehen wird. Im Rahmen dieser eingeforderten Meinungsfreiheit erleben wir als Christen aber in den letzten Jahren verstärkt, dass Grundvollzüge unseres Glaubens, unsere Feste und Traditionen unter Berufung auf die so genannte künstlerische Freiheit in Kabarett- und Comedy-Programmen lächerlich gemacht, verulkt und verspottet werden.

Da sind wir gefragt. Da sind wir herausgefordert, unsererseits Flagge zu zeigen und für unseren Glauben einzustehen: einfach – gläubig – konsequent.

Wolfgang Kempf, 14. *Mai* 2011

09/11

Am 11. September 2001 war auch Schulanfang in Bayern. Damals wurde unsere Älteste eingeschult. Am Morgen noch bunte Bilder mit Schultüte und winkenden ABC-Schützen, am Nachmittag dann Live-Bilder von einstürzenden Wolkenkratzern mit Flugzeugen mittendrin. Die Welt war über Mittag eine andere geworden.

«In fünfzehn Minuten kann sich die Welt verändern» wirbt der Radiosender Bayern 5 seit jenen Tagen des Grauens. Und suggeriert damit die Lebensnotwendigkeit einer Rund-um-die-Uhr-Versorgung mit aktuellen Nachrichten – man könnte ja gerade die neueste Katastrophe verpassen. Wir haben uns daran gewöhnt, in einer viertelstündlich sich verändernden Welt zu leben, täglich mit dem noch nie da Gewesenen zu rechnen. Fast warten wir darauf.

Ja, in fünfzehn Minuten kann sich die Welt verändern. Doch wir haben gelernt, mit dieser Wahrheit zu leben. Ansonsten verändert sich in unserer Welt gar nicht so viel. Und auch damit haben wir uns hierzulande ganz gut arrangiert: Kinder werden eingeschult und als junge Erwachsene wieder feierlich entlassen, ohne Aussicht auf einen Ausbildungs- oder Arbeitsplatz. Eine gleichbleibend unfassbar hohe Zahl von Kindern darf gar nicht erst das Licht der Welt erblicken, weil man sich's nicht leisten kann im reichen Deutschland. «Neues Geburtentief in Deutschland» titeln die Zeitungen an diesem 11.9. – und wir empören uns lieber schnell über die unverschämt steigenden Preise: «Jetzt wird auch noch das Bier teurer!» Überschwemmungskatastrophen sind längst Alltag geworden, aber weil ich den Klimawandel ohnehin nicht wandeln kann, ist auch die nächste Flugreise wieder gebucht. Ausländerjagd erscheint in Ost wie West als neuer Volkssport, ein Rabbiner wird auf offener Straße niedergestochen – doch wirklich neu ist das ja auch nicht … Kann diese Welt sich so gar nicht verändern?

Christen leben von der Hoffnung, dass die Welt sich tatsächlich verändern kann: vielleicht nicht in fünfzehn Minuten, dafür aber zum Guten. Als Christen sind wir zur Hoffnung berufen, dass sogar der Mensch sich ändern kann. Weil da ein Mensch war vor zweitausend Jahren, der dieser Hoffnung auf einen neuen Himmel und eine neue Erde und einen neuen Menschen ein Gesicht gegeben hat.

Mit solcher Hoffnung beflügelt will ich anfangen, jeden Tag neu, meinen Teil dazu beitragen, damit unsere Welt sich doch verändert: Dass Schulanfänger und -abgänger wieder gespannt sein können aufs Leben, weil sie eine Zukunft sehen. Dass Ungeborene Liebe erfahren und ihr Recht auf Leben erhalten. Dass unser Land – nicht nur in Schönwetterreden – kinderfreundlich wird. Und dass wir lernen, achtsamer und ehrfurchtsvoll mit Gottes Schöpfung umzugehen. Dass Juden, Muslime und Andersfarbige endlich angstfrei durch unsere Straßen gehen können und wir im Fremden den Bruder, die Schwester erkennen, von Gott genauso geliebt wie ich.

Wo diese Hoffnung lebt und gelebt wird, da verändert sich die Welt, davon bin ich überzeugt. Langsamer vielleicht, aber garantiert nachhaltiger als an «nine-eleven».

Manacnuc Lichtenfeld, 15. *September* 2007

Als Christen erkennen

In einem ökumenischen Kindergartengottesdienst zeige ich den Kindern zum Thema «Liebe» ein rotes, herzförmiges Kissen mit der Aufschrift «Love». Ich frage, aus welcher Sprache dieses Wort kommt. Ganz spontan ruft eines der Kinder: «Das ist katholisch!» Die meisten Gottesdienstbesucher kommentieren diese Bemerkung mit einem herzhaften Lachen. Und doch zeigen diese unbefangenen Worte eines Sechsjährigen wieder einmal, dass der Heilige Geist weht, wo er will. Denn «katholisch» bezeichnet eigentlich nicht eine der christlichen Konfessionen, sondern meint die allumfassende Kirche Jesu Christi, die Gemeinschaft der Getauften und Glaubenden auf der ganzen Welt.

Jesus sagt zu den ersten Mitgliedern dieser Gemeinschaft: «Daran wird jedermann erkennen, dass ihr meine Jünger seid, wenn ihr Liebe untereinander habt.» Das ist offenbar das entscheidende und untrügliche Kennzeichen. Jesus spricht hier zu den Jüngern. Ein kleiner Kreis von zwölf Menschen. Höchst unterschiedliche Persönlichkeiten. Da sind Jakobus und Johannes, die die besten Plätze neben Jesus beanspruchen. Ein Dorf, das die Botschaft Jesu nicht hören wollte, möchten sie am liebsten auslöschen. Da ist Simon, der Widerstandskämpfer, und daneben der Zöllner Matthäus, der für die römische Besatzungsmacht Steuern eintreibt. Schließlich Petrus, der Fels: Selbstbewusst tönt er, Jesus niemals zu verlassen. Am Ende leugnet er voller Angst, den Mann aus Nazareth überhaupt zu kennen. Aber diese Menschen bilden die erste Kirche Jesu Christi. Sie lernen miteinander zu leben. Sie finden ihren ganz persönlichen Glauben und bekennen sich doch gemeinsam zu dem einen Herrn. Sie hören auf sein Wort und versuchen, es in ihrem Leben zu verwirklichen. Sie gehen unterschiedliche Wege, aber sie stehen auf dem einen Grund: Jesus Christus. Und sie haben das eine Ziel: Das Reich Gottes.

Mit dem Reformationsfest feiern die evangelischen Christen die reformatorische Wiederentdeckung des Evangeliums. Sie betrifft die ganze christliche Kirche. Dass sie nötig war, wird heute kaum noch einer bezweifeln. Im Blick auf die so genannte «Kirchenspaltung» werden ihre Folgen bedauert. Aber sind die Konfessionen nicht auch ein vergrößertes Abbild des ersten Jüngerkreises, dem gesagt wird: «Daran wird jedermann erkennen, dass ihr meine Jünger seid, wenn ihr Liebe untereinander habt»? So gesehen hat Gott uns mit der Existenz verschiedener christlicher Kirchen eine große Aufgabe gestellt. Die Wiederherstellung einer organisatorischen und lehrmäßigen Einheit? Die bliebe etwas Äußerliches. Von den Worten Jesu her jedoch ist die Aufgabe klar: Wie wir von unseren unterschiedlichen Prägungen, Charakteren und Standpunkten her miteinander umgehen, daran wird man erkennen, ob wir Kirche Jesu Christi sind!

Michael Nachtrab, 4. November 2006

Aschaffenburg leuchtet

«Laterne, Laterne, Sonne, Mond und Sterne» so klingt es derzeit wieder auf unseren Straßen. Am Abend ziehen Kinder mit selbstgebastelten Lampions hinter einem Reiter im weitem Umhang her. Tapfer trotzen die Kinderstimmen dem Verkehrslärm und die flackernden Wachslichte in den bunten Papierlaternen dem Lichtsmog unserer Leuchtreklamen. Es ist Martinstag.

Die Laternenumzüge – so lehren uns Brauchtumsforscher – gehen zurück auf eine Stelle aus dem Lukasevangelium, die traditionell am Martinstag gelesen wurde: «Niemand zündet ein Licht an und stellt es in einen versteckten Winkel oder stülpt ein Gefäß darüber, sondern man stellt es auf einen Leuchter, damit alle, die eintreten, es leuchten sehen.»

Martin als Lichtgestalt? In Aschaffenburg kann man es sehen – nicht nur bei den Martinszügen. Wenn Wochen vor dem Fest in der Fußgängerzone die Weihnachtsbeleuchtung installiert wird, grüßt am Eingang der «Herschelgass» Sankt Martin als Bischof aus dem leuchtenden Stadtwappen die Besucher aus nah und fern. Aschaffenburg und die Region hat Martin von Tours als Patron vom früheren Erzbistum Mainz «geerbt». Bis heute ist er leuchtendes Vorbild und hoher Anspruch.

Als Bischof Martin heute vor 1609 Jahren in Tours zu Grabe getragen wurde, hatte ihn die Szene der Mantelteilung am Stadttor von Amiens bereits weithin bekannt gemacht: Martin, damals noch römischer Offizier, schenkt einem Bettler die Hälfte seines Mantels, um ihn vor dem Kältetod zu bewahren. Das war vor anderthalb Jahrtausenden spontane Hilfsbereitschaft gegenüber einem Menschen, der sich in Not befand. Und das ist heute genauso wichtig.

Derzeit zeichnen Soziologen das Bild einer neuen «Unterschicht», Kirchenparlamente debattieren über «neue Armut» und Politiker suchen nach weniger schockierenden Begriffen für diese Realität: Immer mehr Menschen leben in unserem reichen Land als Arme. Ihnen hilft selten ein Mantel, schon gar kein halber. Ihnen hilft aber eine Kultur des Teilens. So kann für jeden, der am Scharfeck das «Tor zur Stadt» durchschreitet, der heilige Martin ein persönlicher Anstoß sein, seine «Mäntel» zu teilen und damit ein Licht mehr anzuzünden «und es auf einen Leuchter zu stellen, damit alle, die eintreten, es leuchten sehen».

Michael Pfeifer, 11. *November* 2006

Lob der Schnecke

Jetzt sind sie alle angekommen. Fast alle. Nach Ochs und Esel, den Hirten mit ihren Schafen und Hunden und allerlei Getier sind seit 6. Januar auch endlich die Heiligen drei Könige mit ihren Kamelen am Stall angelangt, am Ziel ihrer Reise: Maria und Josef und mittendrin das Jesuskind in der Krippe.

Nur eine ist noch immer unterwegs: die Schnecke. Irgendwie haben die Kinder sie mit hinein geschmuggelt in die selbst modellierte Krippenlandschaft in unserer Christuskirche. Unscheinbar und halb versteckt vom Moos ist sie beim Zug der Krippenfiguren zum Stall weit hinten abgeblieben. Aber sie ist auf dem Weg. Irgendwann wird auch sie beim Jesuskind ankommen.

Vielleicht sind die anderen dann schon wieder fort. Vielleicht ist die ganze Krippenlandschaft dann schon längst wieder verstaut in Schachteln und Kartons. So wie spätestens heute auch die meisten Christbäume aus den Wohnstuben und Geschäftshäusern verschwunden sein werden, damit der nüchterne Alltag wieder einkehren kann. Aber unsere Schnecke scheint das nicht zu stören. Sie ist sich ihres Zieles sicher, und das hat Zeit. Das Jesuskind wird auf sie warten. Denn Weihnachten bleibt. Es kommt nicht nur alle Jahre wieder, sondern ist jeden Tag. Nicht nur für die Schnellen, die als erste da sind. Nicht nur für die Reichen, die große Geschenke mitbringen. Sondern auch für all jene, die sich im Schneckentempo auf den Weg gemacht haben und nichts mitbringen außer sich selbst, ihre Zweifel vielleicht und das Schneckenhaus ihrer Sehnsucht.

Vielleicht, so kommt mir in den Sinn, bräuchten wir

einmal ein «Internationales Jahr der Schnecke». Für alle, die sich in Zeiten täglich neuer Katastrophenmeldungen von Börsen- und Wirtschaftskrisen nicht mehr mit hektisch geschnürten Eintagslösungspaketen zufrieden geben wollen. Für alle, die das Zusammenleben und Überleben auf diesem Planeten nicht länger kurzsichtigen Renditezielen oder den Götzen von Effektivität und Effizienz opfern wollen. Ein «Jahr der Schnecke», in dem wir die Tugenden der Geduld und Beharrlichkeit, der Demut und Bescheidenheit neu entdecken könnten. Ein Jahr – oder viele Jahre – für die Wiederentdeckung der Langsamkeit.

Unsere Weihnachtsschnecke macht es vor. Denn Zielstrebigkeit ist in den meisten Fällen keine Frage der Schnelligkeit. Das Ziel immer vor Augen, kann sie geduldig und gelassen bleiben, auch wenn sich ihr Hindernisse in den Weg stellen. Irgendwann wird sie ankommen. Am Ziel ankommen beim Jesuskind. So wie Gott in diesem Kind angekommen ist auf unserer Welt. Denn wenn Gott mit seiner Schöpfung allein auf Schnelligkeit, Rendite und Effizienz aus wäre – er hätte uns Menschen wohl besser nie geschaffen und wäre nicht selbst einer geworden.

Manacnuc Lichtenfeld, 10. *Januar* 2009

AUFBRECHEN

Hauptsache satt

Sie ist ein fester Bestandteil der deutschen Kultur: die Bratwurst. Nichts geht über die leckeren, gut gebräunten Stückchen Fleisch, ob im Brötchen oder auf dem Teller, ob mit Senf, Ketchup oder pur.

Doch hätten sie gewusst, dass es evangelische und katholische Bratwürste gibt? Das zumindest behauptet der Rienecker Autor Heinrich Höllerl in seinem Buch über die Fränkische Bratwurst. Bei seinen Recherchen fand er heraus, dass der Geschmack des Bratlings von der Konfession des Metzgers abhängen kann. Die evangelischen Fleischer lieben nach seinem Kenntnisstand eher die grobe, die katholischen eher die feine Füllung. Und die Katholiken fügen gerne Zitrone als Gewürz dazu. Für die meisten Kunden sind das Nuancen, für Feinschmecker allerdings schon echte Wesensunterschiede.

Die Unterschiede bei der Bratwurst sind leicht zu beschreiben und auch für den nachvollziehbar, der gar keine Bratwurst mag. Die Unterschiede zwischen den Konfessionen dagegen werden Außenstehenden immer mehr zum Rätsel.

Der Reformationstag erinnert uns alle Jahre wieder daran, dass es vor rund fünfhundert Jahren zu einer Spaltung der Christen gekommen ist, die bis heute anhält. Die Gründe dafür waren vielschichtig. Beide Seiten haben jedoch im Laufe der Zeit gelernt, dass nicht alles schlecht ist am Anderen. Man hat sich angenähert, hat die Ökumene erfunden als Ort, an dem man gemeinsam der Welt mitteilt, was man zu bieten hat.

Trotzdem sind Unterschiede geblieben, die von der

Mehrheit der Menschen als Nuancen empfunden werden, während die theologischen Spezialisten immer noch den ein oder anderen Wesensunterschied feststellen können. Natürlich hinkt der Vergleich zwischen Bratwurst und Konfession, doch dass Vielfalt eine Bereicherung ist, gilt für Beide. Und sowohl die Bratwurst als auch die Konfession haben die Aufgabe, den Menschen satt zu machen, die erstere leiblich, die zweite ganzheitlich. Die Botschaft Christi «Ich bin gekommen, damit sie das Leben haben und damit sie es in Fülle haben» (Joh 10,10) geht weit über das Stillen des leiblichen Hungers hinaus, ist überkonfessionell gültig und ein Auftrag an alle Christen in der Welt.

Doch die Sehnsucht nach der Mahlgemeinschaft sollte den theologischen Spezialisten Ansporn sein, endlich eine Lösung für diesen nächsten Schritt zu finden. Insofern kann auch der Reformationstag mehr sein, als ein Erinnerungsdatum an ein geschichtliches Ereignis: jede christliche Konfession darf sich fragen, wo bei ihr Reformbedarf ist. Übrigens ist man hier mit der Bratwurst schon weiter: auch Traditionsbetriebe variieren mit den Zutaten und in einigen fränkischen Grenzgebieten soll es sogar Metzgereien geben, die sowohl katholische als auch evangelische Würste anbieten!

Burkard Vogt, 30. *Oktober* 2010

Geist, Heiliger

Das war immer so, sagen die, die es immer ganz genau wissen – auch an Pfingsten. Nämlich so: Sie nehmen ein Einmachglas, einen Gummiring, einen Glasdeckel – und geben den Geist hinein und kochen ihn ein. Dann erst kann man ihm trauen: Haltbar gemacht und gezähmt, still gestellt und zahnlos. Bloß kein Sturm, nicht mal im Wasserglas. So schnell lassen wir uns nicht aus der Bahn werfen, sprich: begeistern. Feinsäuberlich schreiben wir nach dem Einkochen aufs Etikett: «Geist, Heiliger».

Denn das war immer so. Ja – und jetzt stehen wir da mit den Einmachgläsern aus vielen Jahren. «Geist, Heiliger». Sieht abgelaufen aus. Bring sie mal lieber wieder runter in den Keller. Und da lagern sie dann.

Unsere Sprache ist zu harmlos: Was heißt schon «Geist»? Im Griechischen, da hieß das noch *Pneuma*. Bei Johannes etwa: Pneuma bläst, wo es will. Du hörst sein Brausen, weißt aber nicht, woher es kommt, wohin es saust. Pneuma fegt und rüttelt einem das ganze Haus durch. Kein Halt, schon gar nicht für Einmachgläser.

Wenn es nun aber nie durch das Haus stürmt, fehlt dann das Pneuma? Wir wollen lieber nicht weiterfragen, sonst konnte … ja aber warum denn nicht: die Krise der Kirche, könnte die nicht von diesem Pneuma herrühren? Dabei ist Pneuma schon eine Übersetzung aus dem Hebräischen. *Ruach* heißt es da und meint den glühenden Wind aus der arabischen Wüste. Da hält Eingemachtes sich nicht. Ruach bläst wie ein heftiger Sturm, ist Bild dafür, was jemanden schlagartig verwandelt, aus ihm einen neuen Menschen macht. Wie wenn einer sagt: «Du bist ja nicht mehr zu erkennen. Was ist denn aus dir geworden?!» Ruach hat die Welt erschaffen, Ruach kam auf Mose herab, belebte Totengebeine, verwandelte den Guerillakämpfer David in einen ansehnlichen König. Sobald Ruach stürmt, fangen die Töchter und Söhne Israels mit dem Weissagen an und die Alten träumen wieder – «und Gott macht ein neues Testament». Das war schon immer so!

Pfingsten ist das gefährlichste Fest im ganzen Jahr. Pfingsten hat die Kirche nicht gefestigt sondern durchgerüttelt. Pfingsten: weniger Fundemant, vielmehr Sprengsatz behäbiger Kirchlichkeit.

Stefan B. Eirich, 3. Juni 2006

Begeistertes Leben

Waren Sie schon einmal Feuer und Flamme – so richtig begeistert von einer Sache – so fasziniert, dass alles um Sie herum unbedeutend und unwichtig wurde? Waren Sie schon einmal so hin und weg, dass es Ihnen den Atem verschlagen hat, dass Sie keinen Ton mehr sagen konnten, dass Sie wie angewurzelt da standen? Waren Sie schon einmal so bewegt von einer Erfahrung, dass sie nicht mehr schweigen konnten, sondern immer und immer wieder davon erzählen mussten?

Wenn Sie das schon einmal erlebt haben, dann wissen Sie, was Pfingsten ist. Denn Pfingsten waren die Freunde Jesu plötzlich wie verwandelt. Aus einem Haufen Verschreckter und Verängstigter sind begeisterte Menschen geworden. Sie waren Feuer und Flamme, damals beim ersten Pfingstfest in Jerusalem. Sie waren begeistert – «voll des heiligen Geistes». Zuerst allerdings waren sie lediglich erschrocken von dem gewaltigen Brausen, dem Wind und den Feuerzungen. Dann aber wurden sie selbst begeistert – Feuer und Flamme für die Sache Jesu. Begeistert und begeisternd erzählten sie von Jesus, von seinen Worten und Taten, von seiner Zuwendung zu den Menschen, von seiner frohen Botschaft. Von seinem Tod und seiner Auferstehung. Von der Hoffnung auf Leben trotz all der vielen Erfahrungen von Leid, Hass und Tod. Von dem neuen Anfang, der immer wieder möglich ist, auch wenn Angst und Hoffnungslosigkeit um sich greifen. Geistreich predigten sie und die Leute konnten sie verstehen. Die alten Barrieren waren zerbrochen. Die verschiedenen Sprachen trennten sie nicht mehr voneinander. Das Unverständnis von damals war aufgehoben. Damals, als sie den Turm bis in den Himmel bauen wollten und dann doch kläglich gescheitert sind. Damals, als sie sich einen Namen machen wollten mit ihrem Turm und dann der eine den anderen nicht mehr verstand. Damals, als sie mit größter Anstrengung ihren Turm bauten und dann in der Sprachlosigkeit endeten.

Das war vorbei. Der Geist Gottes hatte die alten Trennungen beseitigt. Die Menschen verstanden sich wieder. Ihre Sprachlosigkeit war überwunden. Sie konnten wieder miteinander reden, obwohl sie sich doch fremd waren. Außer sich waren sie und ihre Begeisterung steckte andere an. Aus Angst wird Freude. Aus Niedergeschlagenheit wird Zuversicht. Aus Zwang wird Freiheit. Denn wer so begeistert ist, der steckt andere an. Wer so Feuer und Flamme ist, der kann andere beflügeln. Wer so hin und weg ist, der kann davon nicht mehr schweigen. Der wird begeistert leben. Für den öffnet sich der Himmel. Alte Grenzen von Vorurteilen und Unverständnis werden niedergerissen. Seine Begeisterung wirkt sich aus. Sie beflügelt andere. Sie ermutigt und befreit zu neuer Hoffnung. Leben mit Feuer und Flamme. Pfingsten – nicht nur vierzig Tage nach Ostern, sondern immer wieder, auch mitten in unserem Alltag: Begeistertes Leben.

Michael Martin, 29. Mai 2004

Neue Wege gehen

Deutschland ist Missionsland – eine Feststellung, die immer wieder zu hören ist. Dieser Feststellung mag man besonders am Tag der Deutschen Einheit zustimmen. Hat nicht die Deutsche Wiedervereinigung aufgedeckt, welche Entchristlichung des sozialistische System in der DDR angerichtet hat? Zugegeben: Der Kapitalismus der Bundesrepublik war auch nicht untätig, sondern hat sich in vielen Formen die Gottlosigkeit auf die Fahnen geschrieben. Also ist was dran: «Deutschland ist Missionsland».

Bleibt bloß die Frage: Was tun? Sicherlich muss Mission heute etwas ganz anderes bedeuten als wir gemeinhin mit diesem Wort verbinden. Natürlich gilt Mission auch heute Menschen, die von Jesus erst noch Entscheidendes erfahren müssen. Diese Menschen leben aber nicht irgendwo auf entfernten Kontinenten, sondern mitten unter uns. Es sind Nachbarn und Arbeitskollegen. Es sind Getaufte und Ungetaufte. Es sind auf jeden Fall suchende Menschen, denn die Frage nach Gott ist geblieben, auch im 21. Jahrhundert. Natürlich sind darunter auch Menschen, die meinen, längst alles zu haben und satt zu sein.

Wenn Deutschland Missionsland ist, dann gilt allen Christen unter uns die Zusage Jesu: «Ihr werdet meine Zeugen sein in Jerusalem und bis an die Grenzen der Erde» (Apg 1,8). Das Wort Zeuge aber hat mit Überzeugung zu tun. Nicht andere um jeden Preis bekehren wollen, sondern Zeugnis geben von der eigenen Hoffnung, das könnte das Konzept für Mission heute sein. Das aber könnte dann einfach heißen: «Einladend Kirche sein.»

«Einladend Kirche sein» – das heißt für mich, sich zu

trauen, neue Wege zu gehen, Hoffnungszeichen zu setzen. Wir leben hier in Deutschland mit so vielen Menschen unterschiedlicher Lebensentwürfe und Kulturen zusammen. Für sie alle sollen wir Zeugen Jesu Christi sein! Sie alle könnten wir einladen zu uns. Dazu braucht es den Mut, Türen und Fenster zu öffnen, den frischen Wind des Heiligen Geistes wehen zu lassen. Denn jede Begegnung mit einem Gast fordert zuerst den Gastgeber heraus. Begegnung schafft Bewegung, da verändert sich etwas und viel Neues kommt ins Spiel.

Leider erlebe ich es in meiner Kirche oft anders. Viele wollen sich lieber auf die Insel der Seligen zurückziehen und übersehen dabei, wie sehr sie sich einigeln. Wenn Deutschland Missionsland ist, dann dürfen wir uns nicht abschotten.

Der Monat Oktober ist der Monat der Weltmission. Dabei schauen viele auf Länder rings um den Globus. Das ist gut. Aber vergessen wir nicht, auch auf unser Land zu schauen. Ja, fangen wir lieber bei uns an.

Jürgen Vorndran, 3. Oktober 2008

Fastenzeit

Gerade eben noch war Fasching angesagt, und jetzt ist sie plötzlich da, wieder einmal: die Fastenzeit. Gänzlich unpassend, wo doch die Eisdielen wieder öffnen und sich in den Geschäften Berge von Schokoladen-Ostereiern und Osterhasen türmen! Oder auch gerade zur rechten Zeit, damit der Winterspeck abschmilzt, bevor die Badesaison beginnt? In meiner Kindheit war noch recht klar, was man in der Fastenzeit darf und was nicht. Heute muss ich selbst entscheiden, auf was ich zeitweise verzichten will – und warum.

Keine Frage: Weniger Schokolade ist gesund für mich. Nicht ohne Grund kennen die meisten Religionen Zeiten des Fastens, und auch weniger religiöse Menschen schätzen das Heilfasten, weil es Körper und Seele gut tun kann. Fasten heißt ja auch, etwas *für* mich zu tun – und nicht gegen mich!

Aber es geht noch um mehr. In der christlichen Tradition steht am Beginn der Fastenzeit der Aschermittwoch, an dem im Gottesdienst jedem/r einzelne/n gesagt wird: «Kehr um und glaube an das Evangelium!» Das ist im Markus-Evangelium der erste Satz, den Jesus spricht, sozusagen die Überschrift über sein Projekt. Und wörtlich übersetzt heißt es eigentlich: «Denk' um!» Darum geht es: Meine Denkweise, meine Perspektive zu verändern. Zu schauen, wo die Richtung nicht stimmt in meinem Leben. Zu spüren, wo ich mir selbst nicht gut tue – und wo ich auf Kosten anderer lebe. Das kann sehr wohl mit meinem Essen und Trinken zu tun haben: woher und von wem meine Lebensmittel kommen, ob sie natur- und menschenverträglich hergestellt werden, wie viel Energie in die Verarbeitung und den Transport fließt … Das ist kompliziert, zugegeben. Aber lebens-wichtig. Und Ähnliches gilt zum Beispiel auch für meinen Verbrauch an Strom und Wasser, für meine Kleidung oder meine Mobilität. Mir bewusst einmal nicht mehr zu nehmen, als ich brauche, und mich auf das wirklich Wichtige zu beschränken – das könnte ein Umdenken sein, das ein «Mehr» an Lebensqualität bedeutet.

Manchmal geht mein «Umdenken» aber auch in eine andere Richtung. Verblüfft hat mich ein Mann, der in einer Radio-Umfrage sagte, er habe sich vorgenommen, in der Fastenzeit mehr zu essen und zu trinken, ganz bewusst. Vielleicht ist das auch für andere Menschen angesagt: sich die Ruhe und die Zeit zu nehmen, ausreichend und gesund zu essen und zu trinken. Oder mehr zu schlafen. Oder mehr Zeit für Menschen zu haben. Immer geht es um das «Mehr» an Leben, für mich selbst und für die vielen Menschen und Geschöpfe, deren Leben mit meinem Leben verbunden ist. Und das ist das Evangelium, die gute Nachricht aus dem Jesus-Wort vom Aschermittwoch: «Glaub' daran, vertrau' darauf – das gute Leben ist möglich, für dich und für alle!»

Ursula Silber, 23. Januar 2010

Auferstehung – jetzt!

Das blasse Kind im gelblichen Stroh ist etwas anderes als das bunte Ei im grünen Moos. Und der heilige Josef macht eine ganz andere Figur als der Osterhase. Mag dieser auch noch so viele Farbtupfer in unserem Wohninterieur hinterlassen, es ist immer eher Frühling als Ostern. Nur an Weihnachten, da ist mehr Weihnachten als Winter. Wie Weihnachten riecht weiß fast jeder, aber Ostern?

«Stille Nacht» hörst du Wochen vorher als Erinnerungsmelodie in glitzernden Kaufhäusern. Osterlieder nur in der Kirche! «Preis dem Todesüberwinder» in der Abteilung für Bettwäsche? Die Blicke der Leute kann man sich denken. Ja, es ist seltsam: Weihnachten feiern so gut wie alle. Aber Ostern? Den christlichen Kirchen ist Ostern immerhin das höchste Fest des Jahres. Doch es dringt kein Gerücht von Ostern durch die Ritzen der Kirchenmauern. – Welches denn?

Gehst du in die Schule, lernst du: Jesus ist von den Toten auferstanden. Schön für ihn, doch was soll das für mich bedeuten? Gehst du zum Stammtisch, hörst du: Es ist noch keiner zurück gekommen. Gehst du zu einem Christen, der im Sterben liegt, sagt er dir: Das weiß ich nicht, ob da noch was kommt! Gehst du in die Kirche, predigt dir der Pfarrer: Mit dem Tod ist nicht alles aus. Und: Auch du wirst wie Jesus nach deinem Tod – wann auch immer – auferstehen. Wenn das kein Trost ist!

Doch die Nachfrage nach solch spätem Trost lässt nach. Die meisten haben längst Dinge für sich gefunden, die sie jetzt trösten, wenn sie auch Nebenwirkungen haben mögen. Hauptsache sie wirken – jetzt. Interessanterweise sagt

Jesus den Menschen nicht, was der Pfarrer gerade noch gesagt hat. Sein Thema ist nicht der Tod und was danach kommt! Er praktiziert Auferstehung: Den Gelähmten lässt er seine Bahre selber nach Hause tragen. Die Leute geraten außer sich. Erst der Gelähmte, dann die Umherstehenden, sie alle verlieren die Fassung. Sie erleben mit eigenen Augen eine Wirklichkeit, die für einen normalen Menschen gar nicht existiert. Ohne es gemerkt zu haben, hat es sie ver-rückt. – Wohin?

Die so sehr in ihrem Ich Gefassten erfahren Unfassbares. Nicht zu fassen. Nichts zu fassen. Nichts. GOTT! Denn Nichts ist geschehen.

Unser sich gern so breit machendes Etwas war gelähmt: unser Ich. Vergesse ich mich, bin ich bei GOTT.

So schnell kann das gehen. Das ist Auferstehung. Jesus macht nichts mit dem Gelähmten. Gott macht auch nichts. *Es* geschieht und ist jedes Mal ein Wunder. Jesus kann Auferstehung geschehen lassen, weil ihm in der Mitte seines Herzens völlig klar ist: Ich und der Vater sind *eins*. Er lebt als Auferstandener, als Gott, da er sich ganz in GOTT vergisst.

Der Gelähmte lebte: Ich und mein Körper, meine Psyche sind eins. Jesus lässt den Gelähmten diese Fessel sprengen. Er steht auf und lebt als Auferstandener. Demütig und mutig zugleich. – Er lebt aus GOTT. Ganz *da*.

Da-raus braucht kein (da)nach mehr. Auferstehung – *jetzt*!

Wenn die Kirche das lebt und verkündet, werden wir in den Kaufhäusern Osterlieder hören. Wie an Weihnachten.

Markus Krauth, 15. April 2006

Sommerfreude und Lebenslust

Der Sommer lässt uns frei werden und spielen in der Sonne, im Sand, im Wasser. Sorgt euch nicht um euer Leben, Gott sorgt für euch! Singt wie die Vögel, haltet euer Gesicht in die Sonne, hängt eure Füße ins Wasser! Wozu macht ihr euch Gedanken: Was zieh ich an? Gott hat euch schön geschaffen, ihr braucht keine besondere Kleidung, um euren Körper ins rechte Licht zu rücken. Geh mal wieder barfuß! Spüre unter den Fußsohlen Sand, Steine, Erde, Gras! Warum sich in hochhackige Schuhe quälen, die die Füße verformen und die Sehnen der Beine zur Verkürzung zwingen? Barfuß gehen fühlt sich gut an und sieht gut aus.

Lass Licht und Luft an deinen Körper! Natürlich ist nicht gemeint, sich stundenlang auf den Grill zu legen. Aber sich im Sonnenschein zu bewegen oder gut behütet in der Sonne zu sitzen halte ich für angenehm und der Gesundheit überaus zuträglich.

Was werden wir essen? Was werden wir trinken? Keine Sorge! Wasser ist noch immer das gesündeste Getränk, und im Sommer bietet die Natur uns reichliche Möglichkeiten zur abwechslungsreichen Ernährung. Ohnehin ist der Hunger im Sommer eher gering, groß aber der Hunger nach Leben! Ich liebe es mich zu bewegen, zu rennen und zu spüren, dass ich lebe. Nicht auf Sparflamme, sondern voll, wie es im Psalm 23 heißt: «Du schenkst mir voll ein!» Keine halben Sachen, kein Geiz; sondern ein gedeckter Tisch, ein volles Glas, Gutes und Barmherzigkeit, und das nicht nur heute im Sommer, sondern ein Leben lang. Also auch im Herbst und Winter.

Tanken wir jetzt im Sommer Lebensfreude, so dass es

auch für schwierige, kalte Zeiten reicht. Das erinnert mich an das Bilderbuch «Frederick» von Leo Leonni. Eine Maus sammelt Sonnenstrahlen und Farben für den Winter, während die anderen Mäuse Vorräte sammeln. Ich meine, die Maus Frederick hat die Botschaft Jesu verstanden. Sie sorgte sich nicht um Essen und Trinken. Im Winter konnte sie ihren Freunden die Farben und Genüsse des Sommers schildern und ihnen so die harte Winterszeit erleichtern. Die Mäuse bekannten: Frederick, du bist ja ein Dichter!

Genießen wir also den Sommer, danken wir Gott für die Jahreszeiten und sammeln wir Sonnenstrahlen und Farben für den Winter!

Sonja Fuß, 11. *Juli* 2009

Weiter Raum tut gut

In meinem Arbeitszimmer steht eine Hibiskuspflanze. In letzter Zeit jedoch ging es ihr sichtbar schlecht. Immer mehr Blätter verfärbten sich gelb und fielen schließlich ab. Licht und Wasser hatte sie in guter Dosierung, daran lag es nicht.

Vielleicht war der Blumentopf, zu klein? Als ich die Pflanze aus dem Topf heraus nahm, bestätigte sich meine Vermutung: Die Wurzeln hatten keinen Platz mehr, sich in der Erde auszudehnen. Zu eng war es für sie geworden, dicht nebeneinander gepresst lagen sie da.

So habe ich schnell den Hibiskus in einen größeren Topf umgesetzt. Und schon einige Tage später konnte ich mich am Ergebnis freuen: Überall an den Zweigen kamen neue Triebe heraus und die alten Blätter strahlten in sattem Grün.

Mehr Raum zum Ausdehnen – das war die Lösung. Und wie das bei Theologen manchmal so ist, fiel mir gleich ein Satz aus der Bibel dazu ein: «Du stellst meine Füße auf weiten Raum» – so heißt es in einem Vers in Psalm 31.

Mehr Platz zum Ausdehnen, weiten Raum zum Wachsen, das haben die Wurzeln der Hibiskuspflanze gebraucht. Aber auch wir Menschen brauchen genügend Raum. Das hat uns vor einigen Jahren das schreckliche Unglück im Duisburger Tunnel gezeigt, als unter den vielen Menschen eine Panik ausbrach und einige in der Menge erdrückt wurden.

Doch auch in weniger dramatischen Situationen machen wir dieselbe Erfahrung wie der Schreiber des Psalmwortes: Es ist gut und heilsam, freien, weiten Raum zu spüren. Hart arbeitenden Menschen wird hoffentlich in ihrem Urlaub so mancher Tag geschenkt, an dem «Luft» im Tagesablauf und unverplante Zeit auf sie wartet. Nicht nur bei exotischen Urlaubszielen, sondern auch bei einem kleineren «Tapetenwechsel» oder einem Ausflug in die nähere Umgebung werden uns neue Blickwinkel geschenkt. Weiten Raum gibt es auch ohne großen Aufwand.

Der Verfasser der Psalmen ist überzeugt: Gott will, dass wir aus aller Enge herauskommen und aufatmen dürfen. Er stellt unsere Füße auf weiten Raum, damit wir gehen können. Worauf warten wir noch?

Peter Michaeli, 7. August 2010

«Nehmen Sie!»

Auf meinem Jakobusweg nach Spanien kam ich früh am Morgen durch ein kleines Dorf an der französisch-spanischen Grenze. Eine ältere Dame arbeitete gerade in ihrem Vorgarten. Ich grüßte und wollte weitergehen. Sie sprach mich an und hielt mir dabei ein halbes Dutzend Tomaten hin: «Nehmen Sie! Heute Nacht war ein Sturm. Er hat die Tomaten heruntergeweht.» Beim Verstauen in den Rucksack fügte sie noch an: «Nehmen Sie auch das frische Stück Brot mit! Der Bäcker war gerade da.» Ich dankte ihr und zog weiter. Als ich dann bei der Rast beide Geschenke in der Hand hielt und den ersten Bissen zu mir nehmen wollte, kam mir der Duft ihres Parfums auf der knackigen Brotkruste entgegen und ich «roch» ihr zweimaliges «Nehmen Sie!», das eine ganze Welt der Güte und Herzlichkeit in mir weckte, die mir bis heute, nach zwanzig Jahren noch, in Erinnerung geblieben ist.

«Nehmen Sie!» Wie schwer tun wir uns oft damit, etwas vom anderen anzunehmen, im Glauben, uns damit in Abhängigkeiten zu begeben! Wir wollen alleine zu Recht kommen. Aber, ob wir es uns zugestehen wollen oder nicht – wir sind vom ersten Augenblick unseres Lebens an abhängig – von den Eltern, der Sonne, der Luft, usw. Wir sind tausenderlei verdankt. Um leben zu können, müssen wir uns sogar in Beziehungen und in Abhängigkeiten begeben. Wir sind keine Götter.

«Nehmt! Empfangt!», sagte Jesus den Jüngern am Abend des Ostertages: «Empfangt den Heiligen Geist!» Dies sagte er Menschen, die aus Angst und Resignation die Türen verschlossen hatten, ein Bild für ihr Inneres, das nach ihren enttäuschten Hoffnungen aus Mauern der Angst gebaut war. «Empfangt den heiligen Geist!» Erinnerungen wurden in ihnen wach: «Heiliger Geist», das ist doch der Geist, der, solange wir mit Jesus zusammen waren, wie ein Lebensstrom der Liebe und der Freiheit zwischen ihm, seinem Vater und den Menschen lebendig war. Heiliger Geist, das ist doch der Lebenshauch, den Gott dem ersten Menschen einhauchte, um aus einem Lehmklumpen ein Wesen mit Geist und Seele zu schaffen. Heiliger Geist, ihn «sah» der Prophet Ezechiel, als tote Gebeine wieder zum Leben kamen. «Heiliger Geist», das ist jener Geist, der Mauern niederreißt, Mauern der Erstarrung und Verhärtung, der Vergangenes und Totes loslassen kann, der wie lebendiges Wasser ist, das zunächst im Inneren des Menschen und nicht in mächtigen Tempeln oder Palästen sprudelt.

Dieser Geist ist seit der Erschaffung der Welt immer am Werk. Er weht, Gott sei Dank, wo er will, und ihn atmen wir in jedem Augenblick ein. Die Frage ist nur, wie tief!

Peter Spielmann, 11. *Juni* 2011

Begegnung setzt in Bewegung

Ein Weg im Nahen Osten, zwei Männer wandern in ihr Heimatdorf. Gesprächsstoff gibt es genug. In der Stadt war etwas Außergewöhnliches geschehen. Sie versuchen die Ereignisse der letzten Tage einzuordnen, ihre Welt ist ins Wanken geraten. Freunde sind zwar noch da, aber wen können wir jetzt um Rat fragen, wer sagt uns was wir tun sollen? Viele Fragen und keine Antwort. Tun wir erst mal das Naheliegende, gehen nach Hause, da waren wir immer vor Überraschungen sicher. In Ruhe essen, eine Nacht drüber schlafen und dann sehen wir weiter.

Gar nicht ungewöhnlich ist es, dass ein einzelner Wanderer zu ihnen stößt und sich ins Gespräch einklinkt. Unglaublich, er hat wohl als Einziger nicht mitbekommen, was in der Stadt passiert ist. Den beiden Wanderern tut es gut, jemand zu haben, der zuhört, den man in die Entwicklung der letzten Tage mit hineinnehmen kann. Alle durchlebten Emotionen fließen in ihre Erzählung mit ein. Merkwürdig, die beiden tauschen fragende Blicke, dem neuen Begleiter scheint das alles nicht fremd zu sein. Hör nur, wie er uns die Geschichte unseres Volkes darlegen kann! Sicher hat er irgendwo studiert, das werden wir schon noch erfahren. Wir laden ihn einfach zum Essen ein, der Tag neigt sich ohnehin dem Abend, vielleicht übernachtet er auch bei uns.

Die Gedanken beginnen zu kreisen, sein Verhalten erinnert uns an jemand, den wir kennen, aber nein – nicht *Er*, das ist schließlich unmöglich. Doch jetzt, wie verhält sich unser Gast? Merkt er nicht, dass er uns beleidigt, wenn er zuerst das Brot in die Hand nimmt, schließlich sind wir als Gastgeber dafür zuständig. Als er das Tischgebet spricht und das Brot bricht, fällt es ihnen wie Schuppen von den Augen, nun begreifen sie auch, warum alles so geschehen musste. Wie konnten wir nur so blind sein? Wir hätten ihn doch erkennen müssen, auch wenn er irgendwie anders aussah, aber seine Art, sein Reden, das war doch eindeutig das Wesen unseres Meisters. Warum musste es erst Abend werden, bis wir ihn erkannt haben?

Auf einmal wundern sie sich nicht, dass Jesus, so wie er auftauchte, auch wieder verschwunden ist. Es ist zweitrangig geworden. Abend ist es und trotzdem, nichts hält sie mehr daheim. Sie ziehen ihre staubigen Schuhe wieder an, ziehen ihr Gewand ein wenig fester um den Körper, denn schließlich ist es recht kühl an so einem Frühlingsabend in Judäa. Geradezu beflügelt vom Erlebten machen sie sich auf den ganzen Weg zurück nach Jerusalem, das sie wohl erst bis Mitternacht erreichen werden.

Es lohnt sich auch heute, die eigene Blickrichtung zu ändern, Menschen mit Gottes Augen zu sehen und sich auf den Weg zu machen. Tauchen Sie ein in Begebenheiten der Bibel und setzen Sie sie in Beziehung zu Ihrem Leben und Ihrem Umfeld, das ist die beste Investition in die Zukunft! Paul Spiegel sagte einmal in Bezug auf das Zusammenleben: «... eine vorgefasste Meinung hat keinen Sinn!»

Irene Specht, 6. Mai 2006

Der neue Blick

Ein 12-jähriger spielt leidenschaftlich gerne Fußball. Manchmal muss er auf der Ersatzbank sitzen, weil die Mitspieler besser sind als er. Aber immer, wenn er spielt, ist sein Vater dabei. Eines Tages zieht die Trauer in das Haus des Jungen ein. Der Vater ist plötzlich an Herzversagen gestorben. Am nächsten Wochenende geht der Junge zu seinem Trainer und sagt zu ihm: «Am kommenden Samstag will ich auf jeden Fall bei dem Spiel dabei sein. Ich möchte für meinen toten Vater spielen.» Der Trainer stimmt schnell zu. Der Samstag kommt, und der Junge ist das ganze Spiel dabei. Anschließend fragt der Trainer: «Warum wolltest du unbedingt spielen?» Der Junge antwortet: «Mein Vater sollte mich zum ersten mal Fußball spielen sehen!» «Aber er ist doch sonst auch immer zu deinen Spielen gekommen, um dich zu sehen», entgegnet der Trainer. Die Antwort des Jungen ist kurz: «Hast du es nie bemerkt? Mein Vater war blind!»

Der 12-jährige Junge hat eine eindrückliche Antwort auf die Frage: Was kommt nach dem Tod? Uns werden die Augen geöffnet. Wir können sehen, was wir zu Lebzeiten nicht konnten.

Jüngstes Gericht, Auferstehung, ewiges Leben – was in der Mitte unseres Glaubensbekenntnisses Platz hat, ist an den Rand gerückt. Doch die Frage bleibt: Was kommt nach dem Tod? Warum aber schweigen hier so viele Christinnen und Christen? Der Vorwurf der Religionskritiker seit dem 19. Jahrhundert steckt uns in den Knochen. Die Kirche vertröste die Menschen auf ein Jenseits und überlasse das Diesseits den Herren dieser Welt. So haben auch

Marx und Engels argumentiert und viele Nachfolger gefunden: Es gibt keine andere Welt als die, in der wir leben: Keine Auferstehung, kein ewiges Leben, keinen Gott. Dadurch ist an die Stelle der Jenseitshoffnung eine Diesseitsvergötzung getreten. Sie blendet Menschen und überlässt sie in entscheidenden Lebensstationen hilflos und einsam ihrer Angst.

Es ist an der Zeit, dass wir der Logik unseres Herzens folgen, die uns sagen möchte, dass es wahr ist und dass es uns Menschen allein hilft, was in der Bibel gesagt wird: Da ist Gott, in dessen Hand unser Leben sein Ziel findet.

Die Zahl der Menschen steigt, die sich heute solchen Worten öffnen und die darauf warten, dass sie ihnen gesagt werden. Allerdings muss auch gesagt werden, dass wir nicht automatisch in die Hand Gottes gelangen, nicht automatisch Frieden finden. So wie es keinen Automatismus gibt, der der Welt und unserem Leben zum Dasein verhülfe, so wenig gibt es ein Leben nach dem Tod, das einfach automatisch weiterliefe. Dazwischen steht Gott, der Schöpfer und Richter und Vollender. So er will, gilt dies alles. Er gibt uns das Leben. Er schenkt die Auferstehung aus dem Tod. Wir dürfen im Sterben auf ihn zählen. Wir dürfen es – nicht weil wir die Gerechten wären, sondern weil er unser Vater sein will um Jesu Christi willen. Um seinetwillen gilt uns die große Verheißung aus dem Römerbrief: «Leben wir, so leben wir dem Herrn; sterben wir, so sterben wir dem Herrn. Darum gilt: Ob wir leben oder sterben, wir gehören dem Herrn.»

Volkmar Gregori, 8. November 2008

Inhalt

FLAGGE ZEIGEN

AUFBRECHEN

Autorinnen und Autoren

KLAUS BECKER, *1956, kath., Gemeindereferent im Referat Gemeindekatechese und Katechumenat

JÖRG DITTMAR, *1969, ev., Pfarrer von St. Matthäus, Aschaffenburg-Schweinheim, jetzt Dekan des Dekanatsbezirks Kempten

CLAUDIA DÜRR, *1968, ev., Pfarrerin in Großostheim

STEFAN B. EIRICH, *1963, kath., Dekan in Aschaffenburg-Stadt und Rektor des Martinushauses, jetzt Rektor im Zentralkomitee der deutschen Katholiken in Bonn-Bad Godesberg

BURKHARD FECHER, *1957, kath., Pastoralreferent, Dekanats-Ehe- und Familienseelsorger, Ehe-, Familien- und Lebensberater

SONJA FUSS, *1953, ev., Lehrerin, Karlstein

DR. HILDEGARD GOSEBRINK, *1969, kath., Rektorin des Martinushauses, Aschaffenburg

VOLKMAR GREGORI, *1953, ev., Dekan des Dekanatsbezirks Aschaffenburg

P. ARNOLD HARTLAUB SAC, *1941, kath., Pfarrer von St.Agatha, Aschaffenburg

ROLAND HÖLZL, *1959, ev., Pastor der Freien evangelischen Gemeinde Aschaffenburg, jetzt Duisburg-Wanheimerort

DR. MANFRED HORLEBEIN, *1945, ev., Hochschullehrer i.R., Hofstetten

WOLFGANG KEMPF, *1962, kath., Dekan in Aschaffenburg-Stadt und Pfarrer der Pfarreiengemeinschaft «Am Schönbusch», Aschaffenburg

Ernst u. Elisabeth von Kietzell, *1939/1938, ev., Aschaffenburg

Christiane Knobling, *1966, kath., Leiterin der Ökumenischen Telefonseelsorge Untermain

Peter Kolb, *1962, ev., Pfarrer für Öffentlichkeits- und Bildungsarbeit im Dekanatsbezirk Aschaffenburg

Markus Krauth, *1954, kath., Pfarrer der Pfarreiengemeinschaft «Maria Frieden», Aschaffenburg

Annette Lichtenfeld, *1965, ev., Pfarrerin der Christuskirche, Aschaffenburg, jetzt im Schuldienst in Nürnberg

Dr. Manacnuc Lichtenfeld, *1963, ev., Pfarrer der Christuskirche, Aschaffenburg, jetzt Rektor des Predigerseminars der evang.-luth. Kirche Bayern in Nürnberg

Andrea Marquardt, *1963, ev., Religions- und Gemeindepädagogin, Aschaffenburg

Michael Martin, *1959, ev., Dekan des Dekanatsbezirks Aschaffenburg, jetzt Oberkirchenrat im Landeskirchenamt der evang.-luth. Kirche in Bayern, München

Eva Meder-Thünemann, *1961, kath., Gemeindereferentin in der Citypastoral Aschaffenburg

Peter Michaeli, *1957, kath., Pastoralreferent in der Pfarreiengemeinschaft «Am Schönbusch», Aschaffenburg

Michael Nachtrab, *1962, ev., Pfarrer in Partenstein

Birgit Niehaus, *1965, ev., Pfarrerin in Mainaschaff

Michael Pfeifer, *1967, kath., stellvertretender Rektor des Martinushauses, Aschaffenburg

Richard Rosenberger, *1962, kath., Dekanatsjugendseelsorger Alzenau und pastoraler Mitarbeiter in der Pfarreiengemeinschaft Johannesberg-Glattbach

Rudi Rupp, *1964, ev., Stellv. Dekan des Dekanatsbezirks Aschaffenburg, Pfarrer in Kleinostheim

Christoph Schürmann, 1962, ev., Pfarrer in Laufach, jetzt Pfarrer von St. Paulus, Ingolstadt

Dr. Ursula Silber, *1966, kath., Bildungsreferentin im Tagungszentrum Schmerlenbach

Irene Specht, * 1950, ev., Pharma-Referentin, Aschaffenburg

Peter Spielmann, *1947, kath., pastoraler Mitarbeiter in Aschaffenburg-Obernau

Bernd Töpfer, *1963, ev., Pfarrer in Marktheidenfeld

Burkard Vogt, *1964, kath., Dekanatsjugendseelsorger Aschaffenburg-West und Gemeindereferent in der Öffentlichkeitsarbeit am Untermain

Britta Vorher, *1948, ev., Lehrerin i.R., Aschaffenburg

Dr. Jürgen Vorndran, *1967, kath., Pfarrer der Pfarreiengemeinschaft St. Martin und Dekan in Aschaffenburg-Stadt, jetzt Pfarrer der Pfarreiengemeinschaft Würzburg-Innenstadt, Dekan in Würzburg-Stadt und Domkapitular